Jean-Pierre Pastori est journaliste et écrivain, président des Archives suisses de la danse. Parmi la douzaine d'ouvrages qu'il a publiés, figurent des études historiques (*L'Homme et la danse*, Vilo, 1981 ; *Soleil de Nuit : la renaissance des Ballets russes*, Wilquin, 1993), des essais (*La Danse des vifs*, L'Age d'homme, 1977 ; *A corps perdu*, Favre, 1983), des portraits d'artistes (*Patrick Dupont*, Favre, 1982 ; *Jean-Charles Gil*, Favre, 1986), ainsi que deux albums sur Maurice Béjart (*Le Tournant*, Favre, 1987 ; *Cap Rudra*, Plume, 1992). Il a organisé également trois expositions, *Le Costume de la danse* (1988), *De Diaghilev à Béjart : Lausanne danse* (1993) et *Philippe Decouffé : magie olympique* (1995).

Dépôt légal : novembre 1996
Numéro d'édition : 73602
ISBN : 2-07-053339-5
Imprimerie Kapp Lahure Jombart, à Evreux

LA DANSE

DU BALLET DE COUR AU BALLET BLANC

Jean-Pierre Pastori

DÉCOUVERTES GALLIMARD
MUSIQUE ET DANSE

Le quattrocento italien voit l'épanouissement d'une nouvelle forme de spectacle où se conjuguent déclamation, chant, musique et danse. Le néo-platonisme – pour lequel tout art qui poursuit la Beauté vise, du même coup, à atteindre le Bien – y trouve une application choisie. Bientôt, de toute l'Europe, les cours adressent des invitations aux maîtres à danser italiens, à commencer par la cour de France.

CHAPITRE PREMIER
LE BALLET DES PLAISIRS

Le ballet de cour français s'achève par une brillante entrée finale, le «grand ballet». Pareillement vêtus, masqués, les danseurs (à gauche, *Le Château de Bicêtre*, 1632) mettent ainsi un terme chorégraphique à un spectacle qui associe encore chant et déclamation. Si le ballet n'obtient en effet que lentement son indépendance, la technique de la danse se codifie cependant dès le XVIe siècle (à droite).

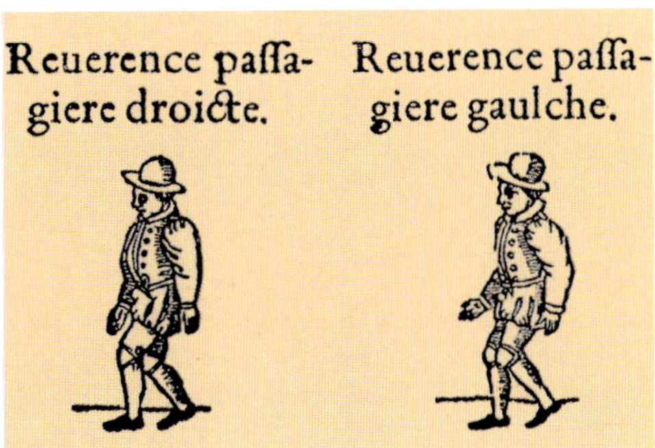

Le ballet, un nouveau spectacle

Au début du XVe siècle, de Florence à Milan, de Venise à Ferrare, les cours italiennes sont le théâtre d'une toute nouvelle forme de spectacle : le ballet. Jusqu'alors la danse n'était que populaire, religieuse ou noble : burlesques, harmonieuses ou graves, fêtes des fous, caroles ou danses macabres rythmaient en effet les riches heures de la société médiévale. L'efflorescence que la Renaissance suscite touche la danse à l'instar des autres arts. Elle la touche d'autant plus naturellement que le mouvement corporel est désormais associé à la musique, à la poésie, à la peinture des triomphes princiers.

Grâce à cette conjugaison de talents, les fêtes du quattrocento brillent d'un éclat particulier. En 1475, les *balli* forment l'essentiel des fêtes données à

Le mot ballet vient de l'italien *balleto*, diminutif de *ballo*, «bal». C'est en effet par des bals que tout a commencé (ci-dessus et page de droite, en haut). Peu à peu, ces divertissements de cour s'étoffent : à la danse s'ajoutent bientôt le chant, la déclamation, la décoration, dans un cadre de plus en plus structuré. Mais jusqu'à la fin du XVIIIe siècle, des courtisans figurent toujours parmi les danseurs.

Pesaro pour le mariage de Costanzo Sforza et Camilla d'Aragon, avec des chars portant des animaux factices, des danseurs et des musiciens, avec Cupidon entouré d'Amours. A Milan, le 20 juin 1496, Ludovic le Maure pare un grand mariage d'un spectacle parlé, chanté et dansé, intitulé *Il Paradiso* et pour lequel Léonard de Vinci a dessiné costumes et machines.

Les pas sont codifiés

Dans le domaine de la pensée comme dans celui des arts, la Renaissance est d'abord italienne. L'Italie vient de découvrir le platonisme, avec les commentaires du

Les seules traces qui restent des danses macabres exécutées des siècles durant tiennent dans les bas-reliefs, les gravures ou les peintures (ci-contre) où «le mort saisit le vif». Dans une société fortement hiérarchisée, cette allégorie rappelle aux plus mal lotis que nul ne peut se dérober, qu'il soit roi, évêque, maître ou valet. L'une des plus anciennes mentions que l'on ait de ces danses date de 1376. Dans son *Répit de la Mort*, le poète Jean Le Fèvre écrit : «Je fis de macabré la dance / Qui toute gent mène à sa trace / Et à la fosse les adresse.»

Florentin Marsile Ficin sur le *Timée*. L'Europe entière va écouter la leçon du néo-platonisme. Platon enseigne que le Cosmos a été organisé par Dieu avec sept «sphères» tournant sur elles-mêmes et en même temps autour de la Terre, produisant chacune un son différent dont l'ensemble constitue la gamme. L'application de la théorie platonicienne à l'esthétique de la Renaissance est, en Italie, le fait de Baldassare Castiglione, dont le traité, *Le Courtisan*, connaît une importante diffusion en France et sera même le bréviaire de François Ier. Castiglione y développe l'idée que tout art qui vise à atteindre la Beauté vise, du même coup, à atteindre le Bien. Pratiquer la danse selon l'ordre géométrique qui préside à la construction du Cosmos, c'est s'unir à la Divinité. Forte d'une telle conviction, la danse va, au quattrocento, de libre expression corporelle devenir savante. Bientôt, il faudra avoir le sens de la mesure mais connaître aussi les pas.

Laissant les défoulements dansés au «vulgaire», les premiers *ballerini* professionnels se vouent dès le début du siècle à la codification de leur art. Domenico Da Piacenza, dit aussi Da Ferrara, rédige vers 1416 le traité *De arte saltendi et choreas ducendi* (*L'Art de danser et de mener des danses*). «Messer Domenico» y définit pas simples, doubles, courus, frappés, tours, sauts, révérences...

Dans son ouvrage *De pratica seu arte tripudii* qu'il dédie au duc de Milan, Galeazzo Sforza, son disciple Guglielmo Ebreo va plus loin en décrivant une cinquantaine de «basses-danses» – lentes, nobles et graves. Puis c'est Antonio Cornazzano qui, vers 1465, consigne ses expériences dans *Il Libro dell'arte de danzare*. Les positions du corps s'y précisent, les pas se multiplient. Les danses sont encore «abstraites». Elles n'ont d'autre fonction que de mettre en valeur leurs interprètes en offrant un divertissement de qualité.

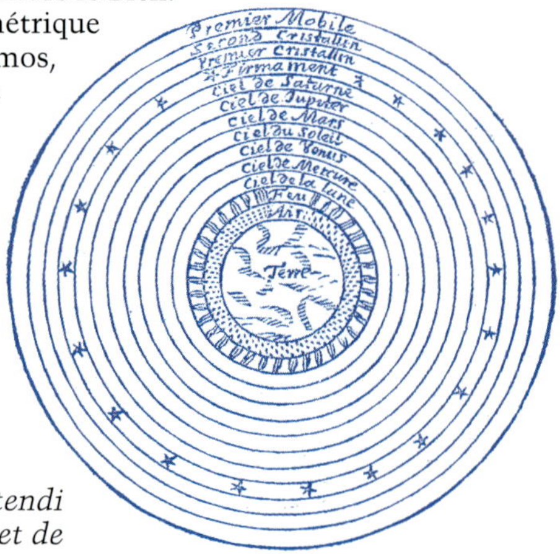

Le Cosmos avec, passées les couches d'air et de feu, les sept «ciels» où évoluent autant d'astres mobiles. C'est en référence à des systèmes de ce type que le ballet en devenir trouve sa justification. Le père Marin Mersenne estime d'ailleurs que, ayant réglé la danse des astres et des éléments, le Créateur «est le plus grand maître du ballet que dansent toutes les créatures par des pas et des mouvements qui sont si bien réglés qu'ils ravissent les sages et les savants et qu'ils servent au contentement des Anges et de tous les Bienheureux» (*Harmonie universelle*, 1636).

Nobiltà di Dame
DEL S.R FABRITIO CAROSO
DA SERMONETA,
Libro, altra volta, chiamato
IL BALLARINO.

Danses figuratives ou symboliques

Au siècle suivant, l'évolution se poursuit dans le sens d'une technicité de plus en plus exigeante. Tout à la fois chorégraphe, interprète et professeur, le danseur professionnel est vivement recherché. Un Fabrizio Caroso est engagé par les grandes familles romaines pour enseigner les danses les plus raffinées. Les cinquante-quatre règles techniques qu'il détaille dans *Il Ballarino* (1581) sont à l'origine des pas de la danse classique : usage du relevé, battement frappé, jeté, pirouette trouvent chez lui leur première expression. Son *intrecciato* sera francisé en «entrechat».

Dans le même temps, les évolutions que règlent les maîtres à danser s'enrichissent d'un caractère figuratif ou symbolique. C'est ainsi que Cesare Negri, auteur du traité *Nuove Invenzioni di balli* (1604), monte à Milan, en 1574, une grande mascarade suggérant des sentiments tels que le désir, le soupçon ou la peur.

Très tôt, des maîtres à danser se mettent à décrire par le texte et par l'image les divertissements qu'ils enseignent. Comme Caroso dans son *Il Ballarino* (1581), ils consignent également les règles à suivre pour en assurer une bonne exécution, ainsi que la tablature des pas et des mouvements.

Ces évolutions reproduisent des figures géométriques, elles-mêmes inspirées de l'harmonieux mouvement des sphères célestes, célébré comme on l'a vu par Platon et par Pythagore.

C'est le «grand ballet», qui réunit le plus clair des danseurs des précédentes «entrées». Beaujoyeux a senti que la logique du ballet de cour était d'être un théâtre total et il a parfaitement conscience d'être un novateur qui va faire école.

A la conquête de l'Europe

Sous l'influence de Christine de France, sœur de Louis XIII et épouse de Victor-Amédée Ier de Savoie, une multitude de luxueux ballets sont montés à grands frais à Turin. C'est le favori de la duchesse, le comte Filippo San Martino d'Aglié, qui ordonne *La Force de l'amour* (1626), *Circé* (1627), *Prométhée voleur du feu céleste* (1630). En Suède, la reine Christine saisit l'occasion des traités de Westphalie mettant fin à la guerre de Trente Ans pour commander un *Ballet de la paix* à Descartes (1649). En Angleterre, les Tudor – Henri VIII, Elisabeth Ire – ne sont pas en reste. Mais, sous l'influence du poète Ben Jonson et de l'architecte Inigo Jones, le *mask*, ou «masque», met davantage l'accent sur le texte, la musique et la scénographie. Et, ainsi qu'en témoignent des titres comme *Albion's Triumph* (1632) ou *Cœlum Britannicum* (1634), il prend lui aussi un caractère d'apologue politique.

Durant la première moitié du XVIIe siècle, le «masque» ou *mask* anglais est l'équivalent du ballet de cour français. Ses deux figures centrales sont alors le poète Ben Jonson et l'architecte-décorateur Inigo Jones, qui réalisent ensemble de nombreux spectacles (ci-dessus).

Naissance de la danse d'élévation

La généralisation, vers 1640, des scènes surélevées va porter un coup au grand ballet : placés nettement en contrebas, les spectateurs du parterre ne parviennent plus à discerner la géométrie des pas.

Parallèlement au développement de l'expression dramatique – auquel participe une nouvelle mode, celle des ballets burlesques –, une «danse d'élévation» va naître : jusqu'alors, la danse était «horizontale», c'est-à-dire qu'elle se décrivait au sol. Dès 1650, elle se «verticalise», et devient plus aérienne. Sa maîtrise requérant un entraînement approprié, elle ouvre dès lors la voie aux danseurs professionnels.

Pour l'heure, si certains nobles peuvent rivaliser avec les maîtres à danser, les rôles n'en sont pas moins distribués selon les capacités des interprètes, et non selon leur rang. Le ballet de cour se nourrit de mythologie, d'allégorie, d'héroïsme, d'exotisme, de fantastique et de burlesque. Il est si apprécié que, pour satisfaire le public, on introduit des danses partout où faire se peut, à commencer par les opéras. Que ces danses paraissent souvent arbitrairement plaquées sur un autre style de spectacle ne semble gêner personne...

Le ballet burlesque, qui fait partie intégrante du ballet baroque, inclut volontiers des acrobaties. Dans ce cas, des professionnels particulièrement aguerris sont invités à renforcer les rangs de la noblesse. C'est à eux qu'il appartient de se livrer à tous les sauts et autres voltiges qu'un aristocrate ne saurait – ne pourrait – exécuter. Ces athlètes que l'on nomme des «baladins» font vite partie du paysage, au point qu'un personnage du Grand Ballet de Monsieur, frère unique du roi, créé en 1638, est désigné par ce nom.

Le Roi-Soleil

Louis XIV a le double avantage d'être à la fois excellent danseur et monarque. La danse, qui tient une place prépondérante dans les spectacles de Versailles, fait partie intégrante de l'éducation des jeunes seigneurs. Ne dit-on pas qu'elle compte, au même titre que l'escrime et l'équitation, parmi les «trois arts du gentilhomme»? Louis XIV a treize ans à peine lorsqu'il fait ses débuts de danseur dans le *Ballet de Cassandre*. Il a suivi quotidiennement des cours de danse depuis son plus jeune âge.

A quinze ans, il incarne le Soleil levant dans le *Ballet de la Nuit* (1653), un modèle du genre, où alternent danse noble et danse comique et où abondent les décors à transformations de Giacomo Torelli, illustre scénographe venu de Venise à la demande de Mazarin. La comédie italienne des *Noces de Pélée et de Thétis*, l'année suivante, vaut au jeune roi une participation remarquée dans le prologue, où il danse Apollon. Neuf muses – des dames de la cour – entourent le dieu sur une colline qui s'ouvre pour se transformer en un arc de triomphe. Mais le souverain ne dédaigne pas les rôles moins nobles... Dans le ballet des *Plaisirs* (1655) ordonné par le comte de Saint-Aignan, il est successivement un Egyptien, un ivrogne et le génie de la danse!

A l'image de ceux de Monsieur, frère unique du Roi, dans *Les Noces de Pelée et de Thétis* créé en 1654 (à gauche), les costumes des ballets de cour traduisent la plus grande liberté d'inspiration. D'autant que les considérations d'ordre financier sont quasiment inconnues. Il arrive même que les tissus précieux employés soient encore rehaussés d'or...

Des danseurs masqués et travestis

Se conformant à l'usage répandu par la *commedia dell'arte*, les danseurs portent souvent des masques à l'effigie du dieu, de la nymphe ou du berger qu'ils incarnent. Ils sont également pourvus d'accessoires destinés à les caractériser : soufflets à la main et moulins à vent sur la tête pour suggérer les vents, par exemple. Ils n'ont pas à mimer le déroulement de l'action : c'est le texte parlé et chanté qui garantit la narration. N'ayant ainsi aucune expression à traduire par le jeu du visage, ils peuvent se concentrer sur les poses ou sur les mouvements du corps.

Les courtisans n'éprouvent aucune gêne à se travestir. Louis XIV lui-même ne craint pas de danser Cérès, la déesse de la Fertilité, dans *Les Saisons*. Si les grandes dames assurent une part des rôles féminins, les comiques sont toujours tenus par des hommes masqués comme il se doit, en jupe mi-longue. Une situation que l'on retrouve dans d'autres cours que celle de France. C'est ainsi qu'à Dresde

A la suite de Daniel Rabel, auteur entre autres des costumes du *Ballet des Fées de la forêt de Saint-Germain* (ci-dessous, «Entrée des Epercaduttes»), de nombreux dessinateurs laissent libre cours à leur imagination. On citera notamment Charles et Henri de Beaubrun, Jean Bérain ou Henry de Gissey auquel l'abbé de Marolles consacre ces vers : «Jessé *[sic]* fut admirable / A former des dessins pour les jeux de ballet / Ses crayons achevés ne portaient rien de laid.»

Le *Ballet de la Nuit* comprend pas moins de quarante-cinq entrées, réparties en quatre «veilles» : de six heures à neuf heures du soir, de neuf heures à minuit, de minuit à trois heures du matin, et enfin de trois heures à six heures. Dans cette dernière partie, le Sommeil et le Silence ne s'éveillent que pour chanter «de ce jeune Louis les naissantes merveilles». Le jeune Louis apparaît bientôt dans son costume de Soleil levant (à gauche) – prometteur du plus beau jour du monde –, pour participer au grand ballet final où les génies de l'Honneur, de la Grâce, de l'Amour, de la Valeur, de la Victoire, de la Faveur, de la Renommée et de la Paix lui rendent hommage. Le *Ballet de la Nuit* consacre le titre de Roi-Soleil, échu quatre ans plus tôt à Louis XIV dans un Triomphe royal. Conformément à l'usage, le souverain est entouré de courtisans de haut rang et de professionnels comme Lambert, Robichon, Mollier et Beauchamps, au reste l'un des chorégraphes de ce spectacle par nature collectif.

les ballets du *Tanzmeister* Gabriel Mühlich associent la noblesse, les pages, des enfants de chœur et des danseurs professionnels. Mühlich a d'ailleurs reçu une bourse pour aller à Paris se perfectionner dans son art.

Lully, violoniste et danseur

A l'instar de leur aîné Balthasar de Beaujoyeux, «le meilleur violon de la chrestienté» (Brantôme), les maîtres à danser manient l'archet. Ils le feront

ARREST
DU CONSEIL D'ESTAT
DU ROY.
Sur la Requête du sieur de LULLY, *pour l'exécution du Privilege à lui accordé, pour établir une Académie Royale de Musique à Paris.*

d'ailleurs jusqu'au XIXe siècle. Violoniste justement, compositeur, mais aussi danseur bouffon, l'Italien Jean-Baptiste Lully incarne successivement un berger, un soldat, un gueux et le valet d'Amphytrion dans le *Ballet de la Nuit*. En cette même année 1653, il obtient la charge de compositeur de la musique instrumentale, ce qui l'amène à écrire nombre d'airs de ballets. Et huit ans plus tard, il est nommé surintendant de la Musique.

L'Académie royale de musique – institution fondée par Pierre Perrin en 1669 et que l'on connaîtra bien vite sous le nom d'Opéra – va lui offrir l'opportunité d'accroître encore son pouvoir. En rachetant à Perrin le privilège d'exploiter un établissement de spectacles «en musique et en vers français» (1672), il va exercer un monopole de fait sur l'opéra. Comme l'ironise *Le Mercure galant*, «M. de Lully ne peut être comparé à personne puisqu'il est le seul dont on voit la musique en France».

Louis XIV, le père de la danse classique

Le ballet louis-quatorzien tient lieu de charnière dans l'histoire de la danse : il marque le passage entre la culture baroque et la culture classique. A la première époque, délibérément

Personnage clé du ballet louis-quatorzien, Jean-Baptiste Lully est tout à la fois violoniste et compositeur, danseur – ici en costume de négrillon – et chorégraphe. Jouissant de la faveur du souverain après de brillants débuts dans le *Ballet de la Nuit*, tous les espoirs lui sont permis. Il va demander sa naturalisation et, avec le *Ballet des Saisons* (1661), s'affirmer comme le défenseur de la tradition musicale française.

expressionniste, sans véritable rupture entre intériorité et extériorité, le classicisme du Roi-Soleil oppose dans toutes ses réalisations la rigueur, la codification, l'artifice.

Le menuet est la danse caractéristique de l'époque. Architecturé comme Versailles, avec la même solennité dans les rythmes et les ordonnancements, c'est véritablement la danse d'un groupe hiérarchisé dans des attitudes convenues. Louis XIV le dansait à ravir et le prisait si fort que Lully dut en composer une bonne centaine.

La volonté de fixer le mouvement dans des règles et de formaliser la beauté se marque dans la première création académique à laquelle procède Louis XIV : l'Académie royale de danse.

L'Académie royale de danse

L'Académie est fondée en 1661, dès la première année de son pouvoir personnel. Soucieux d'assurer le développement de cet art, Louis XIV charge «treize des plus expérimentés» maîtres à danser de le défendre et de l'illustrer. A la tête des élus figurent Henri Prevost, le professeur du roi; François Galland du Désert, celui de la reine; Jean Renauld, celui du duc d'Orléans, son frère; et Guillaume Reynal, celui du Grand Dauphin. Signe de l'intérêt que le monarque porte à l'art chorégraphique, l'Académie royale de danse est l'une des premières instituées, avant l'Académie royale des inscriptions et belles-lettres (1663) et avant celle des sciences (1666).

Regrettant le peu de courtisans aptes à prendre part à ses ballets, Louis XIV assigne à l'Académie royale de danse la mission de «mettre fin à un grand nombre d'abus capables de porter à la ruine les ballets dansés à sa cour et de rétablir l'art de la danse dans sa pureté, en l'améliorant même autant qu'il serait possible».

Les «académistes» – comme on dit alors – sont tenus de se réunir une fois par mois. En outre, chaque samedi, deux d'entre eux doivent donner des leçons aux apprentis maîtres à danser, ainsi qu'aux amateurs

Le menuet figure en bonne place dans le manuel de Pierre Rameau, *Le Maître à danser* (ci-dessous).

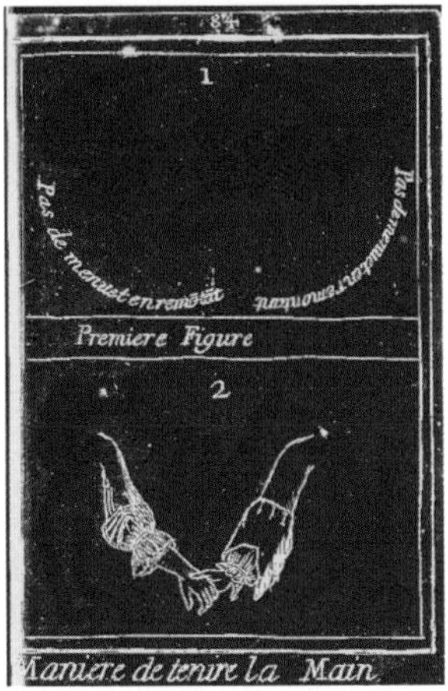

Attaché à la cour d'Espagne, Rameau excelle à enseigner «la manière de faire tous les différents pas de Danse, dans toute la régularité de l'Art, et de conduire les bras à chaque pas». L'ouvrage est rehaussé d'illustrations en taille douce où les figures sont clairement détaillées; cela, non seulement à l'usage de «la jeunesse qui veut apprendre à bien danser, mais encore [à celui des] personnes honnêtes et polies» qui y trouveront «des règles pour bien marcher, saluer et faire les révérences convenables dans toutes sortes de compagnies».

de toutes conditions, et leur enseigner danses anciennes et nouvelles. Pour être admis dans cet aréopage, les candidats sont appelés à se soumettre à un examen. Les avantages qu'ils retirent de cette

Dans cette scène du *Ballet des Fêtes de Bacchus*, créé en 1651 (ci-dessous), des fées se déplacent dans les airs, suscitant l'apparition d'esprits follets. Les vers que Benserade a composés pour ce ballet sont jugés «plus beaux que ceux de l'*Iliade*».

PREMIEREMENT, ladite Académie ſera compoſée des plus Anciens & plus experimentés Maîtres à Danſer, & plus experts au fait de la Danſe, au nombre de treize ; ſçavoir de François Galland Sieur du Deſert, Maître ordinaire de la Reine ; Jean Renauld, Maître à Danſer de Monſieur Frere du Roy ; Thomas le Vacher ; Hilaire d'Olivet ; Guillaume Queru ; Jean & Guillaume Reynal ; Nicolas de l'Orge ; Jean François Piquet ; Jean Grigny ; Florent Galland Deſert ; & Guillaume Renaud.

Les statuts de l'Académie royale de danse (ci-contre) sont annexés aux Lettres patentes pour l'établissement en mars 1661 de ladite Académie.

Les compositions de Louis Pécour, célèbre maître de danse de l'Académie royale de musique, sont très réputées. Raoul Auger Feuillet en recueille plusieurs qu'il retranscrit grâce à la méthode de notation qu'il publie en 1700 : *Chorégraphie ou l'art d'écrire promptement la danse par caractères, figures ou signes démonstratifs*. C'est sous cette forme que Feuillet transcrit le tracé au sol d'une allemande (ci-contre) de Pécour.

appartenance sont loin d'être négligeables : ils sont exemptés d'impôts ; ils peuvent enseigner dans tout le royaume sans lettre de maîtrise ; ils jouissent des mêmes faveurs que les officiers commensaux de la Maison du roi. Le droit de *committimus* – qui permet de porter un différend devant la justice royale – les tire définitivement du lot commun.

L'entrechat royal

Si par la suite l'Académie royale de danse accueille la plupart des maîtres à danser de renom (Ballon, Malter, Lany, Gaétan Vestris, Maximilien Gardel, Noverre…), il semble qu'elle se soit davantage préoccupée de la défense d'intérêts corporatifs que de l'évolution de son art. Pour autant qu'on le sache, le ballet «académique» se codifie en dehors d'elle : ce sera sous leur propre nom que Feuillet (*Chorégraphie ou l'Art d'écrire promptement*

Jean Ballon (ci-contre), qui le premier «donna la main» au roi Louis XV, excelle dans les solos où sa légèreté aérienne fait merveille. Mais il lui arrive d'être aussi lourdement harnaché que ses camarades (ci-dessus).

la danse..., 1700), Pécour (*Nouveau Recueil de danse...*, 1712) et autres Rameau (*Le Maître à danser*, 1725) publieront leurs traités.

Avec Beauchamps, premier maître à danser de l'Académie, la base est fixée : en dehors, cinq positions, élévation... Le vocabulaire peut s'enrichir de nouveaux pas : assemblés, chassés, sissones, jetés... Louis XIV exécute si élégamment l'entrechat 3 – un changement de pied battu une seule fois – que cette figure est désormais dénommée «entrechat royal». Pour l'Académie royale de musique, Beauchamps constitue une troupe en adjoignant aux quelques danseurs de métier des élèves des écoles de danse de Paris. Mais durant ses dix premières années d'existence, le ballet de l'Opéra est exclusivement masculin.

Les premières danseuses professionnelles

Cette situation découle sans doute du fait que jusqu'alors les danseurs de cour étaient professeurs et chorégraphes tout autant qu'exécutants.

C'est encouragé par le succès de son *Maître à danser* dont procède ce schéma d'«homme et femme prêts à faire la première révérence» que Pierre Rameau en vient à publier un *Abrégé de la nouvelle méthode, dans l'art d'écrire ou de tracer toutes sortes de danses de ville...*

A l'instar de la musique baroque, le ballet des XVIIe et XVIIIe siècles suscite aujourd'hui un regain d'intérêt. La tâche des chercheurs est toutefois très ardue. La notation de la danse est plus difficile à déchiffrer, voire à interpréter, que les partitions musicales. C'est pourtant en se référant à un *Recueil d'entrées de ballet* de Louis Pécour que la chorégraphe Francine Lancelot a reconstitué en 1988 cette *Entrée d'Apollon*, dansée par Jean-Christophe Paré. Elle est extraite du ballet royal *Le Triomphe de l'amour*, musique de Jean-Baptiste Lully.

Le costume a fait l'objet d'une reconstitution, au même titre que les pas et les mouvements des mains et des bras. Mais il va de soi que, aussi rigoureux soient-ils, les choréologues comme Francine Lancelot ne peuvent prétendre à une totale authenticité. Trop d'éléments leur échappent : de la morphologie des danseurs – bien différente aujourd'hui de ce qu'elle était il y a trois siècles – au tissu même des costumes.

A l'instar de ce qui se passait en musique, seuls les hommes exerçaient ce type d'activité. En 1681, *Le Triomphe de l'amour* marque un tournant décisif. Lors de sa création à Saint-Germain, les vingt entrées sont interprétées par la fine fleur de la noblesse : le Dauphin, la Dauphine, le prince de Conti, le duc de Vermandois et de jeunes dames de la cour. Mais lorsque Lully reprend cet ouvrage – dont il a signé la musique – au Palais-Royal quelques mois plus tard, ce sont des danseuses professionnelles qui sont requises. Cette nouveauté fait sensation. Mlle de Lafontaine y brille d'un éclat particulier. «Première des premières danseuses», elle sera bientôt autorisée à régler elle-même ses entrées. A sa suite, d'autres ballerines se font connaître du public : Marie-Thérèse Subligny, la partenaire de Ballon et de Blondy ; Françoise Prévost qui assure à son tour la relève en 1705...

Le règlement que le roi impose à l'Opéra, en 1713, détaille la composition de la troupe : douze hommes et dix femmes. Par la même occasion, l'école de danse obtient ses statuts. Elle prodiguera sans interruption son enseignement, ce qui fait d'elle la doyenne des académies de ballet dans le monde. Le style français s'y affine. Plutôt que sur la virtuosité à l'italienne, l'accent est mis sur le placement et la coordination des mouvements, recherchant l'harmonie et l'équilibre.

C'est à l'occasion du mariage du Dauphin avec Marie-Anne Christine de Bavière qu'est créé en 1681 *Le Triomphe de l'amour* (costume ci-dessous).

Sur des paroles de Philippe Quinault, devenu le librettiste attitré de Lully, ce ballet met en scène l'arrivée triomphante de Cupidon.

Les comédies-ballets de Molière et Lully

Le ballet n'est pas encore un art en soi, il n'est encore tenu que pour un gracieux ornement. André Campra puis Jean-Philippe Rameau multiplient les menuets, les gavottes, les rigaudons et les bourrées – danses de cour et danses de théâtre procèdent des danses populaires – dans leurs opéras-ballets : *L'Europe galante* (1697), *Le Carnaval de Venise* (1699), *Les Indes galantes* (1735) ou *Castor et Pollux* (1737)...

Rien d'étonnant non plus à ce que, des *Fâcheux* au *Malade imaginaire*, de *Monsieur de Pourceaugnac* au *Bourgeois gentilhomme*, Molière signe treize comédies-ballets ; des comédies mêlées de chants et de danses, fastueusement créées lors de grandes fêtes données à Fontainebleau, Saint-Germain, Versailles... C'est d'ailleurs dans *Les Amants magnifiques* (1670) que le roi monte en scène pour la dernière fois. Dans douze de ces spectacles, Molière a pour collaborateurs les deux plus illustres représentants de la musique et de la danse : Lully et Beauchamps. Ces derniers, associés au librettiste Quinault, vont développer par ailleurs un genre nouveau : la tragédie-ballet ou tragédie lyrique dont découle l'opéra français : *Atys, Phaëton, Armide et Renaud*...

Née en Italie, la danse académique – ou classique – s'épanouit en France. L'effort d'émancipation des chorégraphes ne change rien : elle est encore étroitement liée au chant et à la déclamation. Mais peut-être est-ce ce lien qui va assurer son avenir...

Ballet ? Opéra ? Opéra-ballet, sans doute, *Les Indes galantes* (1735) mettent en scène Cupidon qui, las de l'Europe en guerre, décoche ses flèches dans des terres lointaines. Après le prologue qui ouvre ce divertissement léger à caractère «galant», trois entrées, ou actions, indépendantes les unes des autres, se succèdent sur le thème de la poursuite amoureuse et mènent le spectateur au Pérou, en Turquie et enfin en Perse. Une quatrième entrée, dite «Entrée des Sauvages» est ajoutée en 1736, lors d'une reprise.

Le XVIIIe siècle est un moment crucial pour la danse. Tous les éléments pour son succès sont réunis : un large public ouvert à toutes les formes de culture, un sens de la fête plus porté sur les plaisirs des yeux et des oreilles que sur le lyrisme héroïque de l'âge classique, et un attrait pour la virtuosité. Forte de cette nouvelle culture de la scène, la danse sort désormais de ses foyers de naissance.

CHAPITRE II

UN ART SANS FRONTIÈRE

Dans son traité *Le Maître à danser*, Pierre Rameau enseigne l'art et la manière d'exécuter les différents pas, qu'ils soient destinés au bal ou au ballet : vignettes en taille douce et légendes très graphiques y décrivent précisément chaque figure.

Sous la protection des tsars et des tsarines

Au XVIIIe siècle, de son berceau italo-parisien, la danse académique rayonne sur l'Europe entière. Soit que l'Europe vienne à Paris, attirée par les grands maîtres à danser Muraille, Dumoulin ou Ballon, lequel laissera son nom à la faculté de sauter sans effort. Soit que Paris s'exporte dans toutes les grandes capitales européennes.

En 1734, Jean-Baptiste Landé s'établit à Saint-Pétersbourg, en qualité de maître à danser du corps

Monsieur Balon.

L'alacrité de Jean Ballon (ou Balon) devient légendaire. Son élévation est sans pareille. Mais d'aucuns regrettent déjà qu'il tourne à vide. Pas la moindre expression gestuelle, nulle manifestation des «passions» qui habitent l'être humain. Même lorsqu'il incarne un bouffon (ci-contre), marotte en main, c'est une danse virtuose et froide qu'il offre à l'appréciation du public. A l'Académie royale, Jean Ballon est fréquemment le partenaire de Françoise Prévost ou de Marie Subligny, deux ballerines de légende, elles aussi. C'est par exemple avec Prévost qu'il participe aux *Grandes Nuits de Sceaux*, organisées par la duchesse du Maine, en 1714-1715 : à l'occasion d'une de ces *Nuits*, une danse tragique est donnée, qui prend sa source dans *Les Horaces* de Corneille. Certains y voient l'ébauche de ce qui, cinquante ans plus tard, deviendra le ballet d'action.

des cadets. L'Italien Rinaldi Fossano a déjà ouvert un cours pour les jeunes filles de l'aristocratie. Landé a pour charge «à jour et à heure fixe, c'est-à-dire le lundi, le mardi, le jeudi et le vendredi après-midi, de donner des leçons aux jeunes gens qui lui sont confiés ; de pratiquer un enseignement honnête, sérieux, ouvert et digne d'un galant homme». Quatre ans plus tard, épaulé de son élève Thomas Lebrun, Landé obtient de l'impératrice l'autorisation d'ouvrir une école de danse. Celle-ci préfigure ce qui, au gré de diverses réorganisations, deviendra la célèbre école du Maryinski.

L'Autrichien Franz Hilferding, qui enseigne lui aussi en Russie vers 1760, a acquis à Paris son bagage chorégraphique. Il a suivi l'enseignement de Nicolas Blondy, le neveu de Beauchamps. L'Italien Gaspero Angiolini emboîtera le pas à Hilferding, son maître en chorégraphie, en acceptant à son tour un engagement à Saint-Pétersbourg et à Moscou.

Tour à tour, les tsarines Anna Ivanovna, Elisabeth Petrovna et la Grande Catherine font bénéficier la danse et l'opéra de leur haute protection. Sensibles à la culture européenne, ces

En Russie, l'accession au trône de Catherine II (ci-dessous) ouvre une ère nouvelle au ballet. La tsarine, qui se plaît à imaginer elle-même des spectacles (à gauche), met en place les structures que demande le développement des arts de la scène. Elle crée notamment un poste de directeur des Théâtres impériaux. Et elle fait appel à des chorégraphes de renom tels que Hilferding, Angiolini et Le Picq.

souveraines éclairées favorisent la venue d'artistes étrangers : Giuseppe Brunoni, Cosimo Damiano Tesi, Giuseppe Salomoni... tout comme Granger – qui sera le maître à danser du tsarevitch Paul Pétrovitch – ou Le Picq. Mais il ne faut pas longtemps pour que de jeunes Russes formés à l'école impériale trouvent également place dans les spectacles représentés à la cour : Aksinia Baskakova, Avdotia Timofeeva, Afanassi Toporkov, Alexis Mikhaïlov...

Londres, Copenhague, Moscou, Saint-Pétersbourg

En ce XVIIIe siècle, une grande mobilité caractérise l'activité des danseurs et des chorégraphes. Certains émigrent définitivement. D'autres, profitant d'un congé octroyé par leur «corps» d'origine, se bornent à passer quelques semaines, voire quelques saisons à Londres, Copenhague, Moscou ou Saint-Pétersbourg.

Des familles entières se vouent à l'art du ballet. La dynastie Lefevre se distingue à Paris, Londres, Vienne, Saint-Pétersbourg ainsi qu'en Italie. Les Favier laissent des traces dans toute l'Europe des XVIIe et XVIIIe siècles : si Jean Favier partage son temps entre Dresde et Varsovie, son petit-fils Carlo Augusto sera chorégraphe à la Fenice de Venise...

C'est aussi à cette double influence italienne et française que le ballet danois devra son existence. En 1775, le Florentin Vincenzo Galeotti s'établit à Copenhague, jetant les bases de ce qui deviendra

Si l'actuel Maryinski (ci-dessous), connu au XXe siècle sous le nom de Théâtre Kirov, ne sera inauguré qu'en 1860, Saint-Pétersbourg, porte ouverte sur la culture occidentale, dispose de nombreuses scènes dès le début du XVIIIe siècle. Lyrique ou chorégraphique, le répertoire reste cependant longtemps à la traîne des productions françaises et italiennes. De la même manière, le ballet danois, lui aussi protégé par la Cour (page de droite), doit sa naissance à l'arrivée à Copenhague de maîtres comme Landé et Martin, Pompeati, Piatoli et surtout Galeotti. L'Autrichien Franz Hilferding est toutefois prophète en son pays. Sous son influence comme sous celle d'Angiolini et de Noverre, Vienne entre à son tour dans la danse (à droite, en bas).

– avec Antoine et Auguste Bournonville – l'école danoise. Imagine-t-on que le ballet *Les Caprices de Cupidon et le maître à danser*, créé par Galeotti en 1786, s'est transmis de génération en génération, et qu'il figure encore aujourd'hui au répertoire de l'illustre compagnie scandinave ! Preuve de la considération dans laquelle les danseurs de sa trempe peuvent être tenus, Vincenzo Galeotti est élevé au rang de chevalier de l'ordre de Danebrogg. A Stockholm, c'est le Français Louis Gallodier, un produit de l'Opéra de Paris, qui dirige à la même époque le corps de ballet.

Camargo et Sallé : danse d'élévation, danse «terre-à-terre»

Vers 1730, deux danseuses exceptionnelles apportent une contribution significative au développement du ballet : Marie Sallé et Marie-Anne de Cupis de Camargo. L'expressive Marie Sallé allège l'encombrant costume qui est encore de mise. Ainsi à Londres, en 1734, se permet-elle de paraître «en cheveux» dans *Pygmalion*, vêtue d'une tunique de mousseline à la grecque. La tenue de rigueur est alors la lourde robe à paniers, rehaussée de passementeries et de broderies, avec bien sûr une coiffe empanachée.

Autant la Sallé fait assaut de grâce dans son style «terre-à-terre», autant la Camargo brille dans les pas d'élévation. Voltaire dit même d'elle qu'elle fut «la première qui dansât comme un homme». Elle bat l'entrechat avec tant d'ardeur que, raccourcissant sa robe, elle en vient à inventer cette préfiguration du collant qu'est le «caleçon de précaution». A chaque ballerine, ses admirateurs. Les uns préfèrent la délicatesse de la Sallé, les autres la vivacité de la Camargo qui, comme le notera Noverre, enrichit la danse «de tous les pas battus, entrechats, petites cabrioles, jetés battus».

Louis Dupré, le premier dieu de la danse

De Stuttgart à Stockholm, de Bruxelles à Vienne, le même vocabulaire, français, est utilisé : passé, relevé, coupé, jeté, assemblé... Seul diffère l'accent avec lequel ces mots sont prononcés. Louis Dupré, maître

de danse à la cour de Pologne entre 1722 et 1730, n'est pas étranger à l'intérêt que suscite, un peu partout, la danse française. Premier à recevoir le surnom de «dieu de la danse», il mène une longue carrière : à soixante ans passés, il danse encore à l'Opéra de Paris ! Danseur noble célébré pour ses majestueuses chaconnes, ses passacailles et ses «développés», son «jarret» compte parmi les quatre «merveilles de l'Opéra», avec la voix de Mlle Lemaure, la jambe de la Mariette et... la vertu de Mlle Sallé. Dupré suscitera les commentaires admiratifs de ses contemporains. Ainsi Casanova évoque-t-il «cette belle figure qui s'avance à pas cadencés, [qu'il voit] parvenue sur le devant de la scène, élever lentement les bras arrondis, les mouvoir avec grâce, les étendre,

La renommée de ces «étoiles» avant la lettre que sont la Sallé (page de gauche) et la Camargo (ci-dessus) est telle que les peintres les immortalisent volontiers. Nicolas Lancret, entre autres, ne se prive pas de célébrer ces hautes figures des fêtes galantes, à l'instar de Voltaire, en 1732 dans *Le Mercure de France* : «Ah ! Camargo, que vous êtes brillante / Mais que Sallé, grands dieux, est ravissante !»

les resserrer, mouvoir les pieds avec précision et légèreté, faire des petits pas, des battements à mi-jambe, une pirouette, disparaître comme le zéphyr».

Les mouvements de l'âme et le ballet d'action

En ce milieu du XVIIIe siècle, le succès de l'opéra-ballet a réduit la danse à une fonction purement décorative. Celle-ci se trouve dépourvue de tout ressort dramatique. Déjà, en 1682, le père Ménestrier, auteur de livrets de spectacles, jugeait que «c'est par les expressions que les ballets se distinguent des autres danses qui ne sont que simples portements du corps ajustés à la cadence et au son des instruments».

Cette conception d'une expression appelée à raconter une histoire et à traduire les mouvements de l'âme est depuis longtemps celle des troupes itinérantes de la *commedia dell'arte*. Outre la danse et l'acrobatie, celles-ci excellent dans la pantomime. Mais c'est l'Anglais John Weaver qui, le premier, va donner corps à ce que l'on appellera le ballet d'action, en quoi il voit lui-même comme «un retour aux Anciens». Son chef-d'œuvre, *The Loves of Mars and Venus* (1717), dans lequel le «grand Dupré» incarne Mars face à la Vénus d'Hester Santlow, s'inscrit dans le droit fil du ballet de cour français. Il y ajoute cependant des éléments de

Noverre voue tant d'attention à la réforme du costume qu'il y consacre une de ses *Lettres*. «Si le costume n'est point absolument vrai, il doit être au moins vraisemblable», note-t-il. Le peintre Louis-René Boquet (dessin de costume ci-dessus) répond si bien à ses vues qu'une étroite collaboration lie les deux hommes, des *Fêtes chinoises* à *Médée et Jason*.

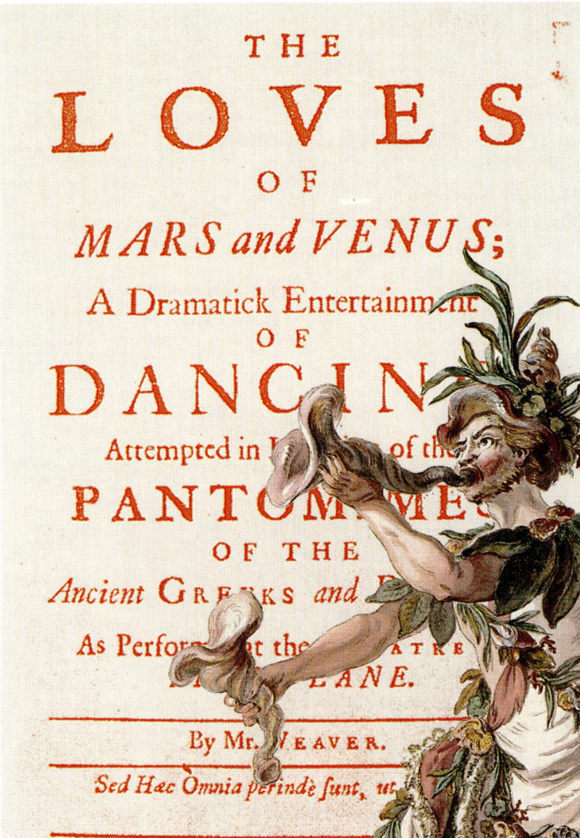

Pour l'Anglais John Weaver, tout à la fois danseur, chorégraphe, professeur et théoricien de la danse, le ballet est assujetti à l'imitation de la nature. Sans recours au verbe, les gestes et les mouvements suffisent à exprimer une manière d'être, des actions et des passions. Le corps est parlant des pieds à la tête, ainsi que Grecs et Romains l'avaient déjà compris. La danse que préconise Weaver dans ses ballets, à commencer par *The Loves of Mars and Venus* (ci-contre), est l'héritière de la pantomime antique.

pantomime propres au théâtre anglais qui rendent obsolètes le chant et la déclamation. Weaver publiera plusieurs ouvrages personnels, parmi lesquels *Essay Towards an History of Dancing* (1712) et surtout *Anatomical and Mechanical Lectures Upon Dancing* (1721), où s'affiche sa conviction que l'expression doit naître des mouvements du corps tout entier.

Des spectacles tragiques à la scène

Le public parisien prend-il conscience de cette évolution lorsque *Pygmalion* (1734) ou *Les Filets de Vulcain* (1738), ballet inspiré de Weaver, sont donnés au Théâtre italien ? Ce qui est sûr, c'est qu'au nombre des figurants de *Pygmalion* se trouve Jean-Baptiste de Hesse, un jeune comédien-danseur qui montera par la suite divers ballets d'action, comiques ou tragiques. Quoiqu'il ait tendance à ennoblir tous les personnages, bergers et vignerons inclus, il excelle dans la narration chorégraphique, pantomime à la clé. Sa renommée sera telle qu'en 1762 l'*Almanach des*

Bien que le plus clair des sujets des ballets soient de l'invention des chorégraphes et de leurs librettistes, il peut être fait appel à de grands textes comme *Britannicus* (ci-dessous), dont le public n'ignore aucun des ressorts. La danse est encore considérée comme un art noble, donc sérieux.

gens d'esprit le présentera comme «le plus grand maître de ballet de toute l'Europe».

Développant ce goût pour le ballet narratif, le maître de ballet Franz Hilferding puise chez Racine (*Britannicus*), chez Voltaire (*Alzire*) et chez Crébillon (*Idoménée*) pour monter à son tour des spectacles tragiques. Gaspero Angiolini, son successeur à Vienne, exprime le même désir de donner une unité à la danse, à la pantomime et à la musique. Avec Christoph Willibald Gluck, il développe une fructueuse collaboration dont la clé de voûte sera *Don Juan* (1761), chorégraphe et compositeur travaillant ici en étroite association.

Gaspero Angiolini signe également la chorégraphie d'*Orphée et Eurydice* (1762) et de *Semiramis* (1765) du même Gluck. Lorsqu'il porte ce dernier ouvrage à la scène, Angiolini publie une *Dissertation* dans laquelle il s'en prend à ce qu'il considère comme une décadence du ballet, ravalé au rang de «l'art de faire des entrechats et des gambades, de sauter ou courir en cadence, ou tout au plus de porter le corps, ou de marcher avec grâce, et sans perdre l'équilibre, d'avoir les bras moelleux et des attitudes pittoresques et élégantes». Et de plaider en faveur d'un «danseur pantomime qui puisse exprimer toutes les passions et tous les mouvements de l'âme».

Pour la première fois avec *Don Juan*, musique (de Gluck, ci-dessus), livret et chorégraphie (d'Angiolini) se rejoignent pour rendre, selon les termes d'Angiolini, «un discours parfaitement enchaîné, une espèce de déclamation faite pour les yeux dont on rendrait la compréhension plus aisée aux spectateurs au moyen de la musique.»

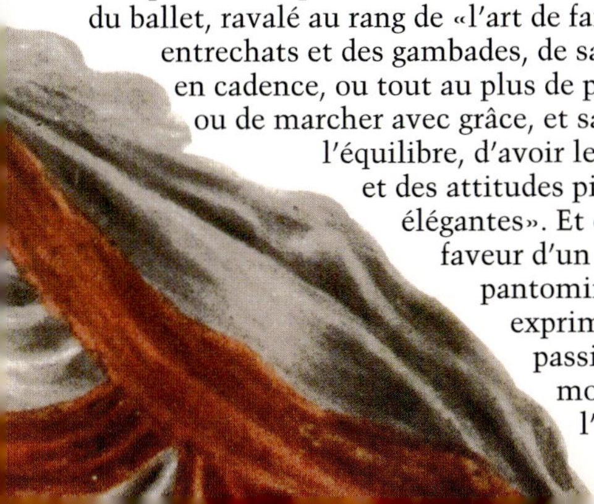

Noverre et la réforme du ballet

Sept années plus tard, Angiolini revient sur le sujet à la faveur de deux épîtres dans lesquelles il réplique vivement à Jean-Georges Noverre qui, dans l'intervalle, s'est imposé comme «unique réformateur de la danse pantomime». «Un ballet est un tableau, dit Noverre, la scène est la toile, les mouvements mécaniques des figurants sont les couleurs, leur physionomie est, si j'ose m'exprimer ainsi, le pinceau, l'ensemble et la vivacité des scènes, le choix de la musique, la décoration et les costumes en font le coloris ; enfin, le compositeur est le peintre.» Au fil des éditions successives des *Lettres sur la danse* (1760), «ouvrage de génie» selon Voltaire, Noverre s'insurge contre le masque encore en usage qui «étouffe les affections de l'âme». Il préconise des costumes moins chargés et qui rendent crédibles les personnages. Comment pourrait-il admettre que le berger Pâris gambade, vêtu d'un corselet lacé avec des

THÉORIE ET PRATIQUE
DE LA
DANSE EN GÉNÉRAL ;
DE LA COMPOSITION DES BALLETS,
DE LA MUSIQUE ,
DU COSTUME, ET DES DÉCORATIONS
QUI LEUR SONT PROPRES.
PAR
M.R NOVERRE.
TOME 1.ER

Noverre, peint ici par Jean-Baptiste Perronneau, ne craint pas d'écrire : «C'est par mon application, mon zèle et mes efforts, que je suis parvenu à tirer la danse de l'état de langueur et de léthargie dans lequel elle était plongée.»

rubans, en culotte courte, mais un jupon de satin rose recouvrant ses «paniers» élastiques ? Et que des talons rouges et un plumet distinguent ce «pâtre gentilhomme» des Colin et autres Alain roturiers ?

En fait, Angiolini ne met pas en cause l'importance de l'apport de Noverre : «Aucun de vos collègues ne vous apprécie et ne vous admire certainement autant que moi», écrit-il. Mais il entend rendre à César ce qui est à César. «Ah Monsieur, si vos idées vous appartiennent réellement, si vous aimez à ne point passer pour imitateur des autres, il ne faut pas non plus laisser croire que les autres vous aient imité.»

Dans ses *Lettres*, Noverre tend, en effet, à s'attribuer le mérite des innovations en cours. Weaver, Sallé, de Hesse, Hilferding et Angiolini ont eux aussi lutté contre la «danse mécanique ou d'exécution» à laquelle, à l'instar de Noverre, ils ont souhaité substituer le spectacle «pantomime ou en action», c'est-à-dire doté d'un moteur dramatique. Noverre va toutefois plus loin que ses prédécesseurs : il formule les conditions d'une véritable réforme.

Grâce aux tonnelets qui dégagent la jambe, les hommes font montre d'une technique plus spectaculaire que les femmes entravées par leurs lourdes robes. Mais Noverre n'en demande pas moins un allégement du costume par le biais de souples draperies : «Je ne voudrais plus de ces tonnelets raides qui, dans certaines positions, placent pour ainsi dire la hanche à l'épaule et qui en éclipsent tous les contours», écrit-il dans l'une de ses *Lettres*.

Autre exemple de reconstitution d'un ballet tombé dans l'oubli : *Jason et Médée*, de Jean-Georges Noverre, sur une musique de Jean-Joseph Rodolphe. C'est au Suédois Ivo Cramer que le Ballet du Rhin demande, en 1992, de remonter cette tragédie pantomime. Au terme de recherches minutieuses, ce chorégraphe-historien remet en scène la vengeance de Médée qui empoisonne sa rivale et poignarde ses propres fils sous les yeux de Jason. Démons, dragons… la féerie baroque est magnifiquement reconstituée. A la création de l'ouvrage en 1763 à Stuttgart, Noverre disposait d'une distribution de choix, dominée par Mlle Nency, dans le rôle de Médée, et par Gaétan Vestris, dans celui de Jason.

Suivre la nature et la vérité

Selon Noverre, la composition des ballets doit «suivre la nature et la vérité». Plus question de ces spectacles indigestes, montés de bric et de broc : «Tout sujet de ballet doit avoir son exposition, son nœud et son dénouement.» Noverre plaide pour l'unité du ton, condamnant la tendance de certains de ses confrères à «mêler sans distinction le sérieux avec le comique, le noble avec le trivial et le galant avec le burlesque».

De la même manière, il s'insurge contre les conventions musicales suivies par les compositeurs qui «font des passepieds, parce que Mlle Prévost les courait avec élégance; des musettes, parce que Mlle Sallé et M. Dumoulin les dansaient avec autant de grâce que de volupté; des tambourins, parce que c'était le genre où Mlle Camargo excellait; des chaconnes enfin et des passacailles, parce que le célèbre Dupré s'était comme fixé à ces mouvements». De même que le geste, la musique doit s'accorder «avec la pensée et les mouvements de l'âme».

Pour Gaspero Angiolini, il convient «que le danseur pantomime puisse exprimer toutes les passions et tous les mouvements de l'âme, écrit-il en 1765. Il faut qu'il soit lui-même fortement affecté de tout ce qu'il veut représenter, qu'il éprouve enfin et qu'il fasse sentir aux spectateurs ces frémissements intérieurs, qui font le langage avec lequel l'horreur, la pitié, la terreur parlent au-dedans de nous et nous secourent au point de pâlir, de soupirer, de tressaillir et de verser des larmes».

Adepte du ballet d'action avant la lettre, Françoise Prévost est réputée pour ses talents dramatiques et pour son habileté dans la pantomime. Parue dès 1699 dans la reprise par Lully d'*Atys*, elle mène toute sa carrière à l'Opéra. Sa participation auprès de Blondy à un épisode tragique des *Horaces*, d'après Corneille, fait date. On peut toutefois douter qu'elle soit jamais apparue dans cette tenue sur les scènes royales (ci-contre). Un tel dépouillement ne se concevait que… sous le pinceau du peintre, en l'espèce Jean Raoux.

Autre manifestation de son intérêt pour une danse expressive, Françoise Prévost ne se contente pas d'aligner des pas sur les différentes courantes, bourrées, chaconnes et autres sarabandes qui composent *Les Caractères de la danse*, l'un de ses grands succès (musique de Jean Ferry Rebel, 1715). Elle les accompagne de gestes signifiants et d'expressions du visage qui transforment cette fantaisie en pantomime miniature.

Noverre appelle aussi à une redéfinition du rôle du chorégraphe ; un chorégraphe apte à dominer toutes questions d'ordre anatomique, technique, artistique… A une redéfinition de la place du danseur aussi : «Ce n'est point avec les jambes que l'on peut peindre : tant que la tête des danseurs ne conduira pas leurs pieds, ils s'égareront toujours.» Noverre paraît donc partager le point de vue de cet «homme de mauvaise humeur» qui, vers 1771, signe une *Lettre critique sur notre danse théâtrale* : «La Danse, unie à la Pantomime, est un Art ; la Danse, séparée de la Pantomime, n'est plus qu'un métier.»

La seule partition de Mozart spécifiquement destinée au ballet est composée à Paris, en 1778. Noverre signe l'argument et la chorégraphie de ces *Petits Riens* que dansent la Guimard et Jean Dauberval. Longtemps restée introuvable, la partition manuscrite est exhumée en 1872 à la bibliothèque de l'Opéra.

Une destinée européenne

Paris ne pardonnera pas à cet «étranger» – il est d'origine suisse – qui n'a pas été nourri au sérail de

combattre certains usages : costumes satisfaisant les caprices des Premiers artistes, entrées que ceux-ci se font régler sur mesure pour mettre en valeur leurs qualités personnelles. Après le succès des *Petits Riens*, sur une musique de Mozart, et surtout d'*Iphigénie en Tauride* de Gluck, dont il règle les danses, Noverre s'expatrie à Londres où *Iphigénie en Aulide*, du même compositeur, lui vaut d'être couronné de lauriers sur la scène du King's Theatre. Surnommé «le Shakespeare de la danse» par les Anglais, Noverre y donne une vingtaine de nouveaux ballets. Peu rancunier, il oubliera ses déceptions parisiennes en faisant appel à la Guimard et à Auguste Vestris. La résistance rencontrée à l'Opéra de Paris – «le spectacle des singes», écrit-il – ne saura empêcher son influence de s'exercer profondément et durablement sur la danse européenne.

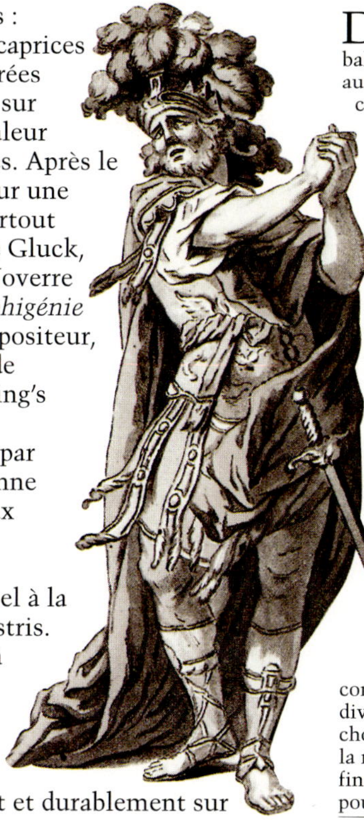

Dès le moment où l'opéra et le ballet acquièrent leur autonomie respective, c'est au premier de ces deux arts que vont prioritairement les faveurs des compositeurs. Rapportées à l'ensemble de leur production, les pages «dansantes» d'un Haydn, d'un Mozart ou d'un Gluck (ci-contre, *Iphigénie en Aulide*) sont relativement restreintes. A l'exception de l'Opéra de Paris où, au XIXe siècle encore, les ouvrages lyriques comprendront des divertissements chorégraphiques, la musique de ballet finira par être tenue pour un genre mineur.

LE LIEUTENANT GENERAL
DE POLICE.
DES GRANDS
S DU ROI

La danse, au XVIIIe siècle, doit sa faveur autant aux exécutants qu'à l'évolution des idées. Le siècle produit une pléiade d'«étoiles» avant la lettre. C'est par elles que va se diffuser, en une extraordinaire activité transeuropéenne dont la France est l'épicentre, la grande tradition de la danse classique.

CHAPITRE III
LES DIEUX DE LA DANSE

Les costumes des danseurs vont perdre ce qu'ils ont de par trop encombrant. Des tissus légers sont en passe d'être adoptés (à gauche). Après avoir connu les tonnelets rigides, Auguste Vestris, qui prolonge sa carrière jusqu'à cinquante-six ans – ce qui lui vaut le surnom de «Doyen des Zéphyrs» –, porte à son tour la tunique néo-classique (à droite).

Les divas du ballet

Dans la société parisienne du XVIIIe siècle, danseurs et danseuses occupent une position ambiguë. Si leur art leur vaut la faveur des grands dans l'entourage desquels ils sont admis, leurs excès finissent par les discréditer. Une odeur de soufre entoure celles que l'on appelle les «ballerines scandaleuses», dont Marie-Madeleine Guimard est le prototype achevé.

Entretenue par de hauts protecteurs, la Guimard dispose de revenus tels qu'elle peut se construire un hôtel particulier, dénommé le temple de Terpsichore, avec une salle de spectacle pour cinq cents personnes, dit-on, et un grand salon orné de panneaux de Fragonard ! Pour exceptionnel que soit son statut,

Tout le monde connaît le talent de la Demoiselle Guimard (ci-contre) peut-on lire dans un rapport de 1783 au ministre de la maison du Roi. «Elle a l'air encore très jeune au théâtre, si elle n'a pas une grande exécution pour la danse, elle a en récompense beaucoup de grâce, elle est très bonne pour les ballets d'action et de pantomime, elle a beaucoup de zèle, et travaille beaucoup, mais elle est d'une dépense immense pour l'Opéra, où ses volontés sont suivies avec autant de respect que si elle en était directrice. A son exemple, les autres danseuses exigent des habits et des renouvellements fort chers. Mlle Guimard ayant su qu'il avait été accordé un traitement particulier de 4 800 francs au sieur Vestris, a exigé la même chose ; il lui a été accordé en faveur de ses anciens services.»

la Guimard n'est de loin pas la seule courtisane que comptent les rangs du ballet. Comme l'écrit un chroniqueur de l'époque, «l'Opéra, où l'on enrôlait chaque année quatre fois plus de personnel qu'il n'en était besoin, était surtout un fonds d'incontinence publique, le harem de la nation, le bazar où les grands de l'Empire achetaient des esclaves».

Lorsque des embarras financiers obligent la Guimard à vendre son hôtel particulier de la chaussée d'Antin (ci-contre), la danseuse a l'idée d'organiser une loterie privée. A défaut d'autorisation, et grâce à de hautes relations, elle obtient que le gouvernement ferme les yeux sur cette entorse au règlement en vigueur.

Les danseurs hommes ont un train de vie plus modeste. Mais les frasques de certains d'entre eux, à commencer par les Vestris père et fils, font autant de bruit.

Pas facile de rester simple lorsque l'on porte de tels atours ! Gaétan Vestris (ci-dessous) hérite du titre de «dieu de la danse» inauguré par Dupré.

La dynastie Vestris

On imagine difficilement aujourd'hui le degré de célébrité atteint par des artistes comme la Guimard ou comme les Vestris. «Stars» avant la lettre, ils se permettent d'invraisemblables caprices. L'unanimité que suscitent leurs apparitions en scène leur fait perdre toute retenue. Fort de la noblesse de sa danse, «d'un goût, d'une expression, d'une grâce et d'un accord qui charment» (*Le Mercure de France*), Gaétan Vestris n'hésite pas à proclamer qu'«en Europe, il n'y a que trois grands hommes : moi, Voltaire et le roi de Prusse».

Elève du grand Dupré, Gaétan Vestris l'«égale en perfection et le dépasse en variété et en goût», selon Noverre. Au point que, dès 1751,

il est promu «danseur seul». Préfigurant les Nijinski, Lifar ou Noureev du XXe siècle, il suscite l'intérêt des chorégraphes qui se piquent de lui régler des rôles sur mesure, que ce soit dans les ballets de Campra, de Lully, de Rameau ou de Mouret. La majesté de son allure ne l'empêche pas de «toucher, d'intéresser et de parler aux passions». Célébré en France où on le montre en exemple, Gaétan Vestris est loué en Allemagne et en Angleterre comme en Italie.

De son union avec la ballerine Marie Allard naît un enfant prodigieusement doué. Auguste Vestris – que d'aucuns appellent «Vestrallard» – a douze ans à peine lorsqu'il fait ses débuts. «Allez, mon fils, montrez votre talent au public, votre père vous regarde», dit le «dieu de la danse». Il ne sera pas déçu. *Le Mercure de France* en témoigne encore : «La force, la précision, le brillant de l'exécution, les grâces de sa personne, la finesse de l'art, la beauté du maintien, l'intelligence, tous les avantages d'une nature heureuse et d'un talent consommé se trouvent réunis dans cet enfant.»

«Il n'est que naturel qu'Auguste ait plus de talent que moi. Il a pour père Gaetano; c'est un avantage que la nature m'a refusé.» Avec sa compagne Marie Allard (page de droite, en bas), le «dieu de la danse» est le plus ardent supporter du jeune prodige (ci-dessus et page de droite,en haut). Ainsi ne se prive-t-il pas du plaisir de proclamer que si son fils «touche la terre, c'est par procédé pour ses camarades»... Une appréciation que Noverre ne dément pas, pour qui Auguste Vestris est «le danseur le plus étonnant de l'Europe».

Les trois genres

«Dieu de la danse» à son tour, Auguste fait montre d'une technique spectaculaire qui ne laisse pas d'impressionner. Il tourne comme une toupie et son «ballon» est peu commun. C'est un danseur de demi-caractère, à la différence de son père Gaétan dont Noverre dit qu'il représentait «le modèle le plus parfait» du genre noble. A l'Opéra de Paris, les danseurs sont classés, en effet, selon trois «genres».

Ils ne peuvent en sortir, sauf à bénéficier d'une autorisation du directeur. En 1817, les maîtres de ballet Pierre Gardel et Louis Milon précisent cette catégorisation : «La *danse noble* exige une taille élevée, bien proportionnée et surtout une physionomie noble. Son genre embrasse tous les mouvements d'airs connus sous les noms suivants : la sarabande, la passacaille, l'adagio à 3 et 4 temps, le menuet noble, la chaconne à 2 et 3 temps et généralement tous les grands caractères tels que faunes, tartares, polonais, furies, etc. La *danse demi-caractère* exige une taille moyenne, svelte, gracieuse, et une physionomie agréable. Son domaine renferme la romance, la sicilienne, la musette galante, le menuet gracieux, l'andante et généralement tous les caractères de zéphyrs, sylphes, troubadours, bergers. La *danse comique* exige une taille peu élevée, plus forte que fine; une physionomie enjouée, riante et vive; voici quel doit être son apanage : la musette champêtre et montagnarde, le menuet de genre et comique et grotesque et généralement tous les airs de pâtre, contre-danses françaises, allemandes et les caractères comiques ou de genre, tels que le chinois, le lapon.»

Rivalité au sommet : Duport contre Vestris

Pendant plusieurs saisons, Auguste Vestris se produit à Londres, où se confirment tout à la fois son immense talent et sa réputation internationale. La Chambre des communes n'hésite pas à reporter une séance pour permettre à ses membres de se rendre à une représentation des Vestris père et fils...

S'il est un art où rien n'est jamais acquis, c'est bien celui de la danse. Auguste Vestris doit bientôt compter avec un rival, le jeune Louis Duport, qui est de vingt ans son cadet. Surnommé «le nouveau Zéphyr», ce danseur aérien affiche une arrogante ambition. Il revendique une position analogue à celle de son aîné. Comme le relève alors un pamphlet anonyme, «M. Duport, après deux ans d'exercice, et neuf mois de célébrité, était le maître de jouir des mêmes avantages et prérogatives que son camarade Vestris, après trente ans d'un service aussi brillant que son début, et autrement utile».

O Chute épouvantable et digne de mémoire !
Le Parterre aussitôt proclame la victoire.
Chant VI.

Dans un poème épique (ci-dessus), J. Berchoux décrit la chute d'Auguste Vestris aux pieds de son cadet, le jeune Duport : «Triste et dernier effort d'un génie expirant ! / Sa jambe dans les airs fait un faux mouvement / Son corps avec vitesse entraîné par sa masse / Comme un roc détaché vient rouler sur la place».

Expatriement contre polémique

Entre autres «prérogatives», Duport demande à pouvoir «régler ses pas lorsqu'ils ne tiennent pas immédiatement à l'action». Et tant pis pour le style ! Il est convaincu que «celui qui danse sent mieux ses moyens qu'un autre; et n'est-il pas raisonnable de croire qu'il choisira mieux aussi ce qui sera le plus susceptible de faire briller son talent ?»

La polémique prenant un tour public, Duport rédige un libelle dans lequel il décrit la situation en termes militaires. «Je croyais sincèrement qu'on avait posé les armes. Mais cette paix apparente n'était qu'une espèce de trêve à la faveur de laquelle l'ennemi faisait de nouvelles levées et de nouveaux préparatifs.» Las de toutes ces disputes, et malgré la répugnance qu'il dit éprouver à l'idée de s'expatrier, il finit par quitter la France. Il accepte une invitation à Saint-Pétersbourg où le théâtre Maryinski prend une importance croissante. L'espace de quatre années, Duport y danse à cent trente-huit reprises. Il chorégraphie une pléiade de ballets, et se constitue un confortable pécule.La retraite de Napoléon au terme de la campagne de Russie l'incite à prendre le chemin du retour. Il s'arrête toutefois à Vienne où le Theater am Kärntnertor s'attachera ses services pendant une vingtaine d'années.

La succession de Noverre : les frères Gardel

A Paris, Duport parti, Vestris retrouve la place centrale qui était la sienne. Disciple fidèle de Noverre, il contribue largement à imposer le ballet d'action.

Le cas de Maximilien Gardel qui, en 1781, succède à Jean-Georges Noverre comme maître de ballet est plus singulier. Cet enfant de la maison n'a eu de cesse de chasser l'intrus. Mais parvenu à ses fins, il poursuit les réformes engagées par ce dernier – il est l'un des premiers à paraître sans perruque et sans

Le costume s'allège. Les paysans, fussent-ils espagnols (ci-dessus), ne semblent plus descendre de l'Olympe. Ils gagnent en vérité ce qu'ils cèdent peut-être en superbe. Un vent de renouveau souffle sur la scène chorégraphique.

masque, selon les principes de Noverre –, tout comme d'ailleurs son frère Pierre qui prend la relève en 1787. Exerçant un pouvoir absolu sur le ballet, Pierre Gardel enrichit le répertoire d'ouvrages marquants, tous narratifs, dont *Télémaque* et *L'Enfant prodigue*. La frénésie de réjouissances qui saisit les Parisiens au lendemain de la Terreur est bien exprimée dans son ballet *La Dansomanie* (1800). Là, des personnages contemporains, bourgeois, militaires et paysans, se substituent aux héros antiques ou mythologiques habituellement de rigueur dans le ballet d'action. C'est dans cet ouvrage que la valse fait sa première apparition sur scène. Le succès est tel que deux cent quarante-cinq représentations en seront données.

Pierre Gardel (ci-contre) «doit à la nature le physique le plus parfait auquel elle puisse atteindre» fait valoir M. Papillon, un de ses contemporains. Chorégraphe de la *Dansomanie* (ci-dessus), qui inaugure le retour de l'élégance sur la scène de l'Opéra après les temps sombres de la Révolution, il s'en fait aussi doublement l'interprète : outre l'exécution d'un menuet «d'une grâce exquise», il y joue également un solo de violon.

Dauberval et la peinture chorégraphique

Adjoint de Gaétan Vestris lorsque celui-ci dirige le ballet de l'Opéra, Jean Bercher dit Dauberval voit successivement Noverre et Pierre Gardel le devancer, lui enlevant toute possibilité de promotion. En 1785, il se résout à quitter Paris pour Bordeaux où il reprend la charge de maître de ballet. La somptuosité du Grand Théâtre – inauguré cinq années plus tôt –

fournit un précieux écrin à une créativité axée sur la peinture des personnages. Le 1er juillet 1789, deux semaines avant la prise de la Bastille, Dauberval affiche *Le Ballet de la paille* ou *Il n'est qu'un pas du mal au bien.* A l'Opéra de Paris, en revanche, les événements politiques à venir n'auront guère d'incidence. Certes, Pavillon de La Ferté, commissaire du roi, sera destitué, puis guillotiné. Mais tel un Etat dans l'Etat avec ses sempiternelles cabales, intrigues et querelles, l'Académie royale de musique ne connaîtra guère d'autre contrecoup. Et, à l'exception d'une *Offrande à la liberté* de Pierre Gardel, le répertoire ne s'enrichira pas d'œuvres révolutionnaires. Demeurent à l'affiche *Télémaque dans l'île de Calypso, Psyché,*

Successivement Premier danseur demi-caractère, premier danseur noble et maître de ballet à l'Opéra avant de quitter la capitale, Dauberval – ici dans un pas-de-trois interprété avec Marie-Madeleine Guimard et Marie Allard, vers 1779 –, compte parmi les artistes qui s'attachent, durant tout le dernier tiers du XVIIIe siècle, à diffuser les théories du ballet d'action.

Le Jugement de Pâris, Pygmalion... Autant de ballets où les dieux perdant un peu de leur gloire dansent comme les humains. Ce nouveau type d'ouvrages en vogue est qualifié d'«anacréontique» (du poète grec Anacréon qui chanta l'amour et les plaisirs de la table).

La Fille mal gardée marque une césure. Ce ballet de Dauberval, créé en 1789, rompt avec le classicisme de *Jason et Médée* et autres *Caprices de Galathée*, et annonce déjà le romantisme qu'illustrera *La Sylphide* en 1832. Dans cette bluette villageoise, nulle créature mythologique ou antique, mais des personnages de chair et de sang que Dauberval a eu tout le loisir d'observer lors de son séjour dans le Sud-Ouest, de 1785 à 1789. La chorégraphie ayant été perdue, seules les versions récentes de l'ouvrage sont aujourd'hui visibles. Celle, très anglaise, de Frederick Ashton est sans doute la plus connue : elle a été montée dans le monde entier. C'est toutefois au Suisse Heinz Spoerli que l'Opéra de Paris commande, en 1981, une nouvelle *Fille mal gardée* (ci-contre, avec Patrice Bart et Claude de Vulpian). Cette production, qui fait référence au climat prérévolutionnaire du printemps 1789, est reprise ensuite sur d'autres grandes scènes : Bâle, Helsinki, Milan… L'usage des pointes y est évidemment anachronique.

Didelot et le ballet russe

En cet automne 1789, un jeune Français né à Stockholm, de parents danseurs, se familiarise avec le répertoire du ballet de Bordeaux. Charles Didelot a répondu à l'appel de Dauberval, son mentor quelques années plus tôt à l'Opéra de Paris. Il va gagner ensuite Londres pour rejoindre Noverre, puis Paris à nouveau où il danse pendant quatre ans. Paris, étape obligatoire dans toute carrière qui se respecte. Londres encore, puis Paris une nouvelle fois… En 1801, il s'installe à Saint-Pétersbourg où il va créer l'essentiel de son œuvre. Car le remarquable interprète qu'il est se double aussi d'un immense chorégraphe. Son ballet *Flore et Zéphire*, où il introduira des «portés» – figures au cours desquelles le danseur soulève sa partenaire –, est promu au rang des «classiques» dès sa création en 1796.

Didelot poursuit activement la réforme du costume prônée par Noverre. Au moment même où, répondant à une demande du Comité de salut public, le peintre David propose d'introduire à la ville des tenues à l'antique, tuniques grecques et chaussures sans talon apparaissent sur la scène. Dans *Bacchus et Ariane*, Didelot adopte un maillot couleur chair ; une fine peau de tigre est jetée sur ses épaules, et des feuilles de vigne ornent sa chevelure. Pour l'opéra *Corysande* où il danse un sylphe, il adopte la tunique de gaze. Sa partenaire, Mlle Chévigny, est également habillée à la grecque. Cet épurement de la ligne, cette souplesse des matériaux vont accélérer le développement de la technique du ballet, en particulier dans les pas-de-deux.

Créé au King's Theatre de Londres, en 1796, *Flore et Zéphire* de Didelot (ci-dessus) est tenu pour le premier ballet où les danseurs «volent» accrochés à des fils d'acier. Singulièrement dépouillé, le costume n'entrave plus le mouvement. Des duos «à bout touchant» sont désormais possibles.

Le costume de scène ne se distingue pas de celui dont les peintres, au tournant du siècle, affublent leurs personnages. Comment, en effet, ne pas rapprocher la tenue des danseurs d'*Achille à Scyros* (1804) – musique de Cherubini, chorégraphie de Pierre Gardel (ci-contre) – de ceux des *Sabines* de Louis David (ci-dessous), tableau brossé cinq années plus tôt ?

C'est à Saint-Pétersbourg qu'en l'espace d'un quart de siècle Didelot met en œuvre cette révolution du langage chorégraphique. En plus de cent trente ouvrages, parmi lesquels *Le Prisonnier du Caucase*, *Ruslan et Ludmilla* et *Kerim-Girei*, tous trois inspirés de textes de son ami Pouchkine, il donne véritablement corps à l'école russe.

Si à son arrivée, en 1801, Didelot doit partager la responsabilité du ballet pétersbourgeois avec Ivan Valberkh – le premier chorégraphe russe de renom –, il ne mettra pas longtemps à obtenir de plus larges pouvoirs, allant jusqu'à restructurer l'école impériale ; école dont sortira son disciple Adam Glouchkovski, futur maître de ballet du Bolchoï.

Le premier danseur américain

John Durang, que l'on considère comme le premier danseur américain, est lui aussi d'origine française (son père est né à Strasbourg). En dépit du puritanisme qui sévit sur la côte Est, il apparaît dans la Old American Company de Lewis Hallam où il interprète des allemandes et des hornpipes. De fil en aiguille, il se fait remarquer dans des productions plus ambitieuses, et notamment dans des ballets pantomimes qu'il interprète aussi bien dans des cirques que dans des théâtres. C'est grâce à des artistes comme lui et grâce à sa nombreuse descendance – trois garçons et trois filles qui tous deviendront danseurs – que le ballet va finir par prendre pied aux Etats-Unis. Grâce encore aux tournées venues de l'étranger, de France et d'Italie en particulier.

Vigano et le choréodrame

Le Napolitain Salvatore Vigano, élève de Dauberval, a parcouru toute l'Europe avant de se fixer momentanément à Vienne. En 1801, sa rencontre avec Beethoven lui vaut le privilège de chorégraphier *Les Créatures de Prométhée*, unique ballet du compositeur. De retour en Italie, après avoir hésité entre la pantomime à la Noverre et la virtuosité de la danse pure, Vigano

Naples est une cité prodigue en talents : Blasis, Gioia – chorégraphe d'une prodigieuse fécondité –, Le Picq et Vigano en sont issus. Avec sa femme Maria Medina, rencontrée à Madrid, Salvatore Vigano développe ce qu'il nomme des pas-de-deux pantomimes (ci-contre). C'est également à Madrid, toujours à l'occasion du couronnement du roi Charles IV, que les Vigano font la connaissance de Dauberval pour lequel ils danseront à Bordeaux et à Londres.

affine son concept du «choréodrame», variante personnelle du ballet d'action. S'il s'attache à bien dessiner les personnages, il accorde aussi une fonction expressive au corps de ballet habituellement confiné dans des évolutions purement décoratives. «Chacun doit tout voir et tout comprendre, affirme-t-il, sans étude préalable et sans recourir ni à l'argument ni aux commentaires.» La sensibilité plastique de cet amoureux de la statuaire classique, ami de Canova, s'exprimera dans des ouvrages comme *La Vestale*, *Les Titans* ou *Othello*. Vigano tourne une page de l'histoire du ballet, celle des Noverre, Gardel, Dauberval et Didelot. Il annonce simultanément la révolution à venir. Comme l'écrit Stendhal dans *Rome, Naples et Florence* : «Noverre, à ce qu'on dit, avait donné la volupté ; Vigano a avancé l'expression dans tous les genres. L'instinct de son art lui a même fait découvrir le vrai génie du ballet, le romantique par excellence.»

A Vienne, en 1793, Vigano fait danser Maria Medina dans une tenue si légère qu'elle en paraît presque nue... La gestuelle semble empruntée aux fresques et aux bas-reliefs antiques. Rien de très étonnant à cela : le goût pour Rome est particulièrement vivace, entretenu encore par les découvertes récentes faites à Pompéi.

Comment expliquer que Salvatore Vigano (page de gauche, en bas), après tant de gloire, ait été si injustement oublié ? Dans une lettre du 24 octobre 1818, Stendhal s'en fait l'avocat. Il écrit à son correspondant : «Vous jugez de Vigano par Gardel, c'est exactement comme si vous jugiez de Raphaël par David ou de Canova par M. Lemot. [...] Si Vigano trouve l'art d'écrire les gestes et les groupes, je maintiens qu'en 1860, on parlera plus de lui que de Mme de Staël, donc j'ai pu l'appeler grand homme.» Stendhal place en effet le chorégraphe au rang des génies.

Au cap du XIXe siècle, un souffle tonique revitalise l'Europe. La société se relève des différents chocs sociaux, politiques et économiques qui l'ont secouée. Un renouveau artistique se manifeste qu'un Jean-Jacques Rousseau annonçait déjà en célébrant la vie intérieure et en enseignant le bonheur dans la contemplation de la nature. A son exemple, toute une génération s'insurge contre l'empire de la raison prôné par le classicisme, à quoi elle oppose les tourments de la passion.

CHAPITRE IV
BALLET BLANC

A compter de *La Sylphide* (à droite), le ballet exprime, comme le dira le grand historien de la danse André Levinson, «les aspirations d'une époque, sa pensée philosophique, son besoin de beauté spirituelle».

Le ballet romantique : l'émotion en gestes

Rompant avec l'usage instauré à la Renaissance, le héros romantique ne descend pas de l'Olympe ou du Parnasse. Il s'inscrit dans un paysage, une nation, une histoire. Et c'est aussi le temps des êtres surnaturels sortis des contes et des légendes. Ainsi que le note Théophile Gautier : «L'Opéra fut livré aux gnomes, aux ondins, aux salamandres, aux elfes, aux nixes,

Finies les rigides conventions auxquelles se soumettait le ballet du siècle précédent! L'imagination règne en maîtresse. «Le romantisme, écrit Victor Hugo, c'est le libéralisme en littérature.»

aux wilis, aux péris et à tout ce monde étrange et mystérieux qui se prête si merveilleusement aux fantaisies du maître de ballet.» Comme Goethe, Schiller, Novalis, comme Byron et Walter Scott, comme Chateaubriand, Lamartine et Vigny, dans toute l'Europe, peintres, dramaturges, musiciens proclament la primauté de l'émotion. Les chorégraphes et leurs librettistes ne sont pas en reste, même si la danse, qui touche un moins large public, est plus lente à se dégager de l'académisme. *Médée et Jason*, *Les Filets de Vulcain* comme *Agamemnon* ou *Les Horaces* se font rares sur les affiches. Dieux et hautes figures antiques – Pluton, Orphée, Renaud, Jason – cèdent précipitamment le pas à *La Fille du Danube* (1836), *La Gipsy* (1839), *La Jolie Fille de Gand* (1842), *La Péri* (1843), *La Fille de marbre* (1847) et autres *Gitana* (1838), *Alma* (1842), *Catarina* (1846) ou *Satanella* (1852).

La Péri de Jean Coralli (ci-dessus), créée en 1843 avec Carlotta Grisi et Lucien Petipa, comporte un morceau de bravoure : le pas du Songe, une chute dont Théophile Gautier annonce qu'elle est destinée à devenir aussi fameuse que celles du Niagara… La Péri tombe, en effet, dans les bras de son amant, Achmet. Au Théâtre Drury Lane, à Londres, un spectateur ne manque aucune représentation, convaincu qu'il est que Carlotta Grisi en viendra fatalement à rater son saut…

Peu à peu, le ballet devient expression de sentiments personnels sous une forme qui se différencie des gestes strictement codifiés depuis un siècle et demi. On en vient maintenant à rechercher la fluidité des gestes, la poésie du corps, la liberté dans les ports de bras.

L'art de la danse selon Blasis

En 1820, l'Italien Carlo Blasis, un élève de Vestris et Dauberval, publie son *Traité élémentaire, théorique et pratique de l'art de la danse*, véritable vade-mecum pour les danseurs en formation, à l'époque romantique. Ce remarquable professeur, directeur de l'école de danse de la Scala, s'emploie à codifier la technique du ballet, sous le sceau de l'équilibre et de la libération du mouvement, en usant des critères anatomiques et logiques qui sont à la base de toute la tradition classique. «Ne vous écartez jamais des vrais principes, conseille-t-il à son lecteur; soyez amant du beau, et gardez-vous de vous laisser entraîner par l'exemple de quelque mauvais danseur, qui sera en possession de plaire à un public aveuglé, par des tours de force, des gambades, et par de ridicules pirouettes. Le triomphe de ces misérables artistes ne sera pas de longue durée.» Pourtant, la grande nouveauté qui caractérise le ballet romantique, Blasis l'ignore encore : ce qu'il nomme les «pointes» n'est encore qu'un demi-relevé.

Dans son *Traité élémentaire...*, Carlo Blasis s'en prend à l'influence que peuvent exercer les *groteschi* italiens, si friands d'acrobaties en tout genre. Mais il n'en enrichit pas moins son école française d'une part de virtuosité milanaise, comme l'attestent ces figurines extraites de son *Manuel complet*, publié en 1830.

Si la plupart de ses chorégraphies sont aujourd'hui tombées dans l'oubli, sa remarquable activité de théoricien marque l'aboutissement des deux siècles d'élaboration de la danse académique. De culture encyclopédique, Blasis conçoit la danse comme une synthèse des autres arts et recherche en elle un idéal de beauté, tant formelle que spirituelle.

«La Sylphide», un ballet charnière

Dix ans plus tard, les ballerines substituent au cothurne et à la sandale le chausson de satin au bout renforcé. En fait, c'est toute la garde-robe des danseurs qui se renouvelle. Le costume de scène s'émancipe de la robe de ville ou de bal. C'en est fini des paniers et même des tuniques à la grecque. Place désormais au juponage de mousseline. Imaginé par le peintre Eugène Lami, le tutu stimule le rêve. Cette corolle immaculée est associée au culte du léger, du flou, de l'évanescent – culte que *La Sylphide* de Philippe Taglioni, sur une musique de Schneitzhoeffer, célèbre dès 1832.

La Sylphide tient lieu de charnière entre le ballet ancien dont le siècle naissant ne gardera pas la mémoire et le riche mouvement romantique qui n'en finira pas de laisser des traces. Dans *La Sylphide*, la danseuse paraît s'affranchir des lois de la pesanteur. Les pointes réduisent le contact avec le sol et affûtent les lignes. Elles facilitent aussi les équilibres et les pirouettes, donnant tout son élan à l'arabesque. Si des pointes apparaissent épisodiquement depuis trente ans, c'est Marie Taglioni, interprète du rôle titre dans *La Sylphide*, qui leur donne leurs lettres de noblesse. Malgré la

Il y a tout lieu de penser que dans les premiers ballets romantiques, la soliste danse sur les pointes, mais que le corps de ballet reste encore sur la demi-pointe. Marie Taglioni (ci-dessous dans *La Sylphide*) utilise les premiers chaussons au bout rembourré pour protéger les orteils (ci-dessus).

médiocre partition de Schneitzhoeffer, *La Sylphide* est un triomphe indiscuté, dès sa création le 18 mars 1832. On sent que, comme l'écrit Théophile Gautier, avec ce ballet «commence pour la chorégraphie une ère nouvelle».

Le goût des extrêmes

A l'instar de la littérature et de la peinture, le ballet romantique goûte les aventures extrêmes : bandits, gitans, corsaires, esclaves. Mais il se complaît aussi dans la magie, le surnaturel, une fascination pour les ruines, les cimetières, l'idéalisation de l'amour sanctionnée par la folie et la mort. Dans la danse des nonnes revenantes au troisième acte de *Robert le diable*, l'opéra de Meyerbeer, sous la conduite de

«Après son éclatant triomphe à l'Académie royale de musique, *Robert le diable* (ci-dessous), le premier chef-d'œuvre de Meyerbeer, fit le tour de l'Europe. Dans les premiers temps, le luxe de la mise en scène, l'originalité des décorations contribuèrent peut-être à attirer la foule; mais bientôt cette grande et belle partition fut comprise et admirée.»

Dr Véron, directeur de l'Opéra de Paris

Marie Taglioni, les fantômes sortent de leurs tombes et, dans une ronde maléfique, mettent tout en œuvre pour causer la perte de Robert.

Dans *Giselle* (1841), les wilis entraînent Hilarion dans une danse infernale dont il ne se relèvera pas. Dans *La Fille du Danube* (1836), en revanche, les ondines n'ont pas raison de Rodolphe. Le jeune écuyer résiste à leurs tentatives de séduction grâce à un bouquet de myosotis brandi comme un talisman. C'est dans ces «ballets blancs» – en tutus immaculés – que s'épanouit une danse abstraite dont le «Tableau des ombres» de *La Bayadère* et la «Danse des cygnes» du *Lac* constitueront, à la fin du siècle, les ultimes avatars.

Dans *La Gipsy* (1839), ballet de Mazilier inspiré de Cervantès, chacun des trois actes est écrit par un compositeur différent (Benoist, Thomas et Marliani). L'ouvrage comporte de nombreuses scènes de pantomime, mais ce sont les danses qui remportent l'adhésion des spectateurs. A commencer par cette Cracovienne que Fanny Elssler interprète (ci-contre), vêtue d'un costume militaire blanc à brandebourgs, d'une jupe bleue, et chaussée de bottes rouges à éperons. Pour Théophile Gautier, le triomphe qu'elle y obtient «fera la fortune du ballet».

L'attrait de la couleur locale

Dans le même temps, le romantisme, et son goût pour le paysage, le passé, se traduit par une forte attirance pour la couleur locale : *Nathalie* (1832) a pour décor une Suisse montagneuse, *La Sylphide* (1832) l'Ecosse; *La Révolte au sérail* (1833) se passe en Andalousie, *Giselle* (1841) dans «une riante vallée allemande», *Théa* (1858) en Mésopotamie, *Sacountala* (1858) en Inde... Autant de chromos appréciés par les lecteurs de *Paul et Virginie* (1787) de Bernardin de Saint-Pierre qui ont pris goût à l'exotisme.

Ce penchant pour la couleur locale se traduit également par la vogue des danses de caractère qui prennent leur source dans les différents folklores : cracovienne, rédowa, polka, mazurka, cachucha, boléro, tarentelle... Autant de solos où la ballerine peut briller de tous ses feux pour le plus grand plaisir du public. Depuis les Trois Glorieuses en juillet 1830, l'Opéra de Paris n'appartient plus à la Maison du roi. Il est concédé à un entrepreneur, lequel tient à s'assurer de bonnes recettes. Comme l'écrit le docteur Véron, directeur de 1830 à 1835, les spectateurs exigent avant tout «une musique variée et saisissante, des costumes nouveaux et curieux, une grande variété, des contrastes de décorations, des surprises, des changements à vue, une action simple, facile à comprendre, mais où la danse soit le développement naturel des situations. Il faut encore ajouter à tout cela les séductions d'une artiste jeune et belle, qui danse mieux et autrement que celles qui l'ont précédée».

«Marie pleine de grâces», Elssler «la païenne»

De ces artistes, l'Europe ne manque pas. D'ascendance italienne, Marie Taglioni est petite-fille, fille et sœur de danseurs. Elle a suivi l'enseignement de son père Filippo, tant à Vienne qu'à Cassel. C'est à Paris, toutefois, qu'elle a travaillé ses pointes auprès de Jean-François Coulon. Engagée à l'Opéra en 1827, elle est portée au pinacle après sa prestation dans *Robert le diable* (rôle de l'abbesse) et surtout dans *La Sylphide*. Le succès est tel

«Comment trouver les mots qui soient à la hauteur de l'art incomparable de Marie Taglioni?», s'interroge le *Times* après la première londonienne de *La Gitana* (ci-dessus). Ici, à la différence de *La Sylphide*, auquel le nom de la danseuse restera lié (ci-contre, le tutu de Marie Taglioni), seule la couleur locale est exaltée.

que les femmes ne s'habillent plus qu'en blanc, vêtues de soies légères, dites «sylphides». Une fleur est baptisée de ce nom, un journal de mode, des turbans, une calèche d'un modèle nouveau… La danseuse elle-même se conjugue à tous les temps. Désormais, on «taglionise»… «Marie pleine de grâces» quitte toutefois Paris en 1837, pour entamer une fulgurante carrière internationale qui la conduit de Berlin à Londres, de Varsovie à Turin…

A la chaste Taglioni, «danseuse chrétienne» selon Gautier qui la décrit voltigeant «comme un esprit au milieu des transparentes vapeurs des blanches mousselines», Véron, le directeur de l'Opéra de Paris, oppose, dans ses Mémoires, une «païenne», énergique et voluptueuse, l'Autrichienne Fanny Elssler. Après de multiples engagements en Italie, en Allemagne, en Angleterre, Elssler rejoint l'Opéra où elle débute dans *La Tempête* de Jean Coralli (1834). Par opposition au style «ballonné» de Taglioni, sa technique de pointes, dite «taquetée» (petits pas rapides, serrés), la destine aux danses de caractère. Ainsi sa cachucha du *Diable boiteux* lui vaut-elle une célébrité

Fanny Elssler excelle dans les danses dites «nationales». Outre la «Cracovienne» de *La Gipsy*, elle fait sensation dans le «Pas de la cachucha», un solo andalou avec castagnettes qui rehausse le deuxième acte du *Diable boiteux* (1836, à gauche). Théophile Gautier commente en ces termes sa prestation : «La voilà qui s'élance, les castagnettes font entendre leur babil sonore : elle semble secouer de ses mains des grappes de rythmes. Comme elle se tord… Comme elle se plie… Quel feu… Quelle volupté… Quelle ardeur… Ses bras pâmés s'agitent autour de la tête qui penche, son corps se courbe en arrière, ses blanches épaules ont presque effleuré le sol. Quel geste charmant… Ne diriez-vous pas qu'avec cette main qui rase l'éblouissant cordon de la rampe, elle ramasse tous les désirs et tout l'enthousiasme de la salle ?» Outre le triomphe que lui amène ce véritable morceau de bravoure, le «Pas de la cachucha» devait caractériser, tout au long de sa carrière, la nature exubérante de la danseuse.

LA PREMIÈRE REPRÉSENTATION DE GISELLE OU LES WILIS

Ballet-Pantomime en 2 actes.

internationale qui la conduit de Saint-Pétersbourg à La Havane, en passant par Washington où elle est invitée à la Maison-Blanche.

Gautier, le poète de «Giselle»

Poète, critique d'art, Théophile Gautier considère le ballet comme «un rythme muet, une musique que l'on regarde». Il se fait le chantre de la «grâce aérienne et virginale» de Taglioni, avant de céder à la lascivité d'Elssler «quand elle se cambre hardiment sur ses reins et qu'elle jette en arrière ses bras enivrés et morts de volupté». Il fera enfin de Carlotta Grisi son égérie, pour qui il élaborera, avec l'aide du dramaturge Vernoy de Saint-Georges, le livret de *Giselle*, d'après une légende allemande. La musique est commandée à Adolphe Adam que les opéras *Le Chalet* et *Le Postillon de Longjumeau* ont rendu célèbre et auquel on doit déjà la partition de *La Fille du Danube*. La chorégraphie est réglée par Jean Coralli, à l'exception des «pas» de Carlotta Grisi qui sont l'œuvre du compagnon de celle-ci, le danseur Jules Perrot. Le personnage de Giselle, c'est à la fois Effie, la fiancée de James, et l'immatérielle Sylphide, une jeune paysanne et un spectre. Un an après sa création, *Giselle* est représenté à Bordeaux, Marseille, Londres, Bruxelles et Vienne. Douze mois plus tard, Saint-Pétersbourg,

Curieusement, à l'instar de *La Sylphide*, *Giselle* quittera le répertoire de l'Opéra de Paris (ci-dessous, à l'Opéra Bastille, avec Carole Arbo et Jean-Yves Lormeau).

Elle sera toutefois conservée dans le répertoire de Saint-Pétersbourg, Marius Petipa en remaniant le second acte en 1884. Et ce n'est qu'en 1924, après presque soixante ans d'absence, que Giselle, interprétée par Olga Spessivtzeva, retrouvera son berceau parisien.

Lyon, Milan et Berlin sont touchés. Après, ce sera Dublin, Lisbonne, Moscou, Madrid, Gênes, Florence...

La guerre des étoiles

A Paris, l'essaim de jeunes et jolies danseuses de l'Opéra divise les spectateurs. D'aucuns ne jurent que par Grisi, d'autres sacrifient à la Danoise Lucile Grahn, laquelle rivalise avec Fanny Elssler dans le rôle de la Sylphide. Cela au grand dépit des taglionistes qui n'admettent pas que d'autres ballerines s'approprient le rôle qui a consacré leur idole.

La dévotion dont les «étoiles» font l'objet se traduit par des appointements élevés. Lors de son engagement, en 1841, Carlotta Grisi touche un fixe de 12 000 francs et un feu de 43 francs; l'année suivante, le fixe passe à 15 000 francs et le feu à 72. Et ainsi de suite. Dans *Marco Spada ou La Fille du bandit* (1857), le chorégraphe Joseph Mazilier exacerbe la rivalité de Carolina Rosati et Amalia Ferraris pour le plus grand plaisir des spectateurs.

Ce «star system» avant la lettre est à l'origine du *Pas-de-quatre*, en 1845. Dans ce divertissement conçu à la demande de Benjamin Lumley, le directeur du Her Majesty's Theatre à Londres, et immortalisé par une gravure d'Alfred Edward Chalon, Jules Perrot a réuni exceptionnellement les quatre Grâces que sont Marie Taglioni, Carlotta Grisi, Fanny Cerrito et Lucile Grahn!

Le *Pas-de-quatre* (1845) de Jules Perrot, sur une musique de Pugni, met en scène quatre des cinq ballerines les plus célébrées de l'époque. Ne manque que Fanny Elssler, la rivale de Marie Taglioni. La fameuse figure (ci-contre), à jamais fixée par la gravure de Chalon, offre à Taglioni, la *prima inter pares*, la couronne dessinée par Grisi, Grahn et Cerrito.

Un siècle plus tard, les chorégraphes Keith Lester et Anton Dolin s'emploieront à offrir au *Pas-de-quatre* des distributions de rêve. La plus mémorable est celle de Dolin qui, en 1948 au Metropolitan Opera, réunit Mia Slavenska (Grisi), Alicia Markova (Taglioni), Nathalie Krassovska (Grahn) et Alexandra Danilova (Cerrito).

Nuées de gaze

La chorégraphie originale de *La Sylphide* par Philippe Taglioni est restée condamnée à l'oubli pendant près d'un siècle. C'est la version – postérieure de quatre ans – d'Auguste Bournonville, musique de Lovenskjold, qui sera en effet maintenue vivante par le Ballet danois. Toutefois, en 1972, au terme de longues recherches (maquettes, dessins, inventaires, critiques, partitions annotées, etc.), Pierre Laclotte entreprend de reconstituer la chorégraphie de Taglioni. Monté avec un éclatant succès à l'Opéra de Paris (pages précédentes, Olivier Patey dans le rôle de la sorcière; ci-contre et page de gauche en haut, avec Elisabeth Platel, Manuel Legris et Karin Averty), ce ballet est repris par de nombreuses compagnies : Théâtre Colon, Ballet de Boston, Opéra de Rome, Ballet de Tokyo, Ballet de Nancy. Qu'il s'agisse de *La Sylphide* ou de *Giselle* (page de gauche, en bas, Opéra Bastille, 1995), le tutu blanc reste l'emblème du ballet romantique.

Un succès sans précédent que Perrot tente de renouveler en assortissant son *Jugement de Pâris* (1846) d'un «Pas des déesses» avec Taglioni, Grahn, Cerrito et Arthur Saint-Léon.

Le déclin de l'Opéra de Paris

Si la capitale française passe encore pour celle du ballet, ce n'est plus pour longtemps. Signe avant-coureur : aucune étoile romantique n'est française. Il y a bien Lise Noblet, Pauline Duvernay, Adèle Dumilâtre, Pauline Leroux, les sœurs Nathalie et Louise Fitzjames.
Mais la faveur du public se porte davantage sur les étrangères : les Italiennes Taglioni, Grisi ou Cerrito, l'Autrichienne Elssler, la Russe Nadejda ou l'Espagnole Mauri.

Dès 1830, pour des raisons d'économie, l'administration de l'Opéra réduit de moitié le nombre des professeurs et le montant de leurs traitements, ainsi que la durée même des classes. Les danseuses qui ne se satisfont pas de deux heures de cours, un jour sur deux, doivent assumer elles-mêmes le coût des leçons supplémentaires. Autant dire que le ballet français aborde une longue phase de stagnation, sinon de décadence.

Mort des danseurs

Dans le même mouvement qui a porté la danse féminine au pinacle, la danse masculine s'est édulcorée. La mignardise et l'afféterie l'ont dénaturée. Le temps des Vestris et Duport est révolu. Le danseur ne se voit plus accorder «la même position que le ténor auprès de la voix de soprano, le violoncelle auprès du violon, le cor mélodieux auprès de la flûte plaintive ou

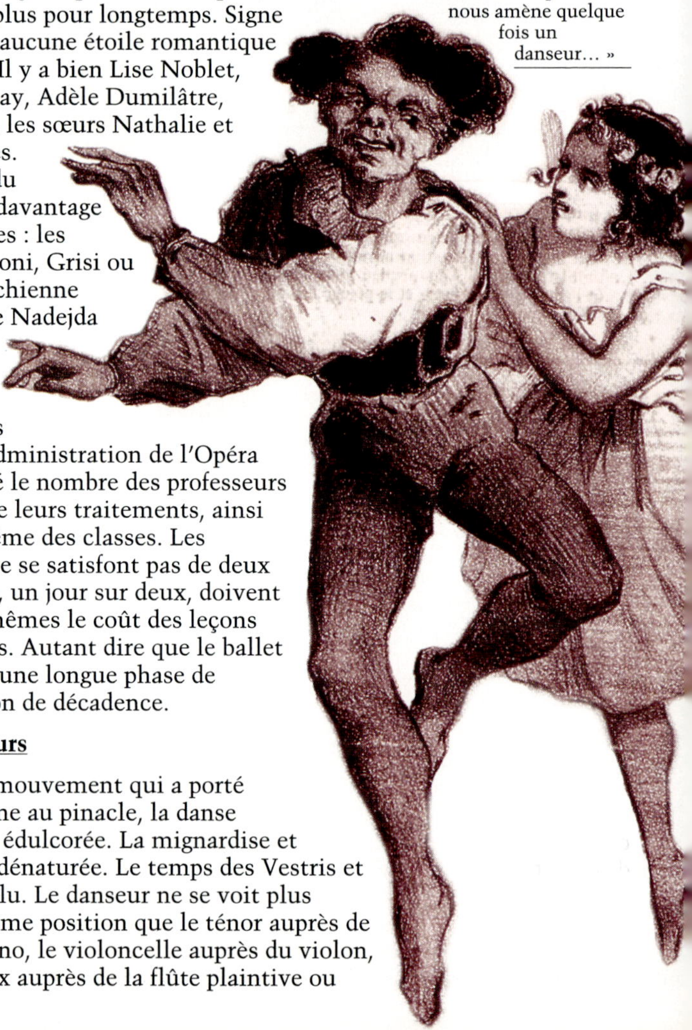

La défaveur dans laquelle le danseur est en passe de tomber suscite quolibets et moqueries. Cette caricature porte ainsi la légende suivante : «Le désagrément d'une danseuse est qu'elle nous amène quelque fois un danseur… »

languissante», pour reprendre la comparaison d'un contemporain. «Les danseurs sont morts! Qu'ils reposent en paix!», ironise Charles de Boigne.

Quant à Gautier, il ne craint pas d'affirmer que pour lui «un danseur est quelque chose de monstrueux et d'indécent que nous ne pouvons concevoir. Notre pudeur est alarmée de voir de ces gros êtres se trémousser éperdument et faire ballon sur les planches». Tout au plus concède-t-il trois exceptions : Auguste Mabille, Lucien Petipa et surtout Jules Perrot. «Perrot n'est pas beau, reconnaît Gautier, il est même extrêmement laid.» Mais sa technique et son style viril arrachent au poète et librettiste – il écrira «pour les jambes» une douzaine d'arguments – des exclamations admiratives : «Perrot l'aérien, Perrot le sylphe, la Taglioni mâle!»

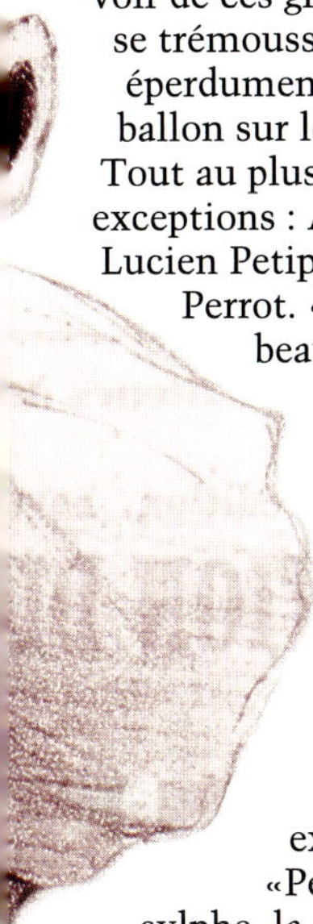

L'inutilité des «messieurs du ballet» n'en paraît pas moins telle que, plus tard, lors d'un débat sur le budget des théâtres nationaux, le parlementaire Camille Cousset en viendra à proposer la suppression pure et simple de l'élément masculin du corps de ballet de l'Opéra, et son éventuel remplacement par des «conducteurs d'omnibus à qui

Parmi les rares danseurs qui trouvent encore grâce aux yeux de Théophile Gautier, Jules Perrot occupe la première place. «Le dernier homme à qui il était pardonné de danser, Perrot le laid, dont la figure a sauvé les jambes, ne pouvait se consoler d'avoir été banni de l'Opéra. Il voulait, il lui fallait une restauration à tout prix», ironise le chroniqueur Charles de Boigne pour qui Perrot aurait vu dans sa rencontre avec Carlotta Grisi un moyen de retrouver sa place. «Il faut entendre Carlotta raconter quelle vie elle menait avec Perrot. L'amour y tenait une bien petite place. C'était un ménage singulier : on travaillait le jour, on travaillait la nuit. Le maître avait un but que le mari ne songeait pas à contrarier, et l'élève rêvait tout bas la gloire, la fortune et surtout… la liberté. Nos deux tourtereaux ne perdaient donc pas à s'aimer un temps qu'ils pouvaient employer plus utilement à ballonner.»

C'est sur une rose.... que, dans *L'Ombre*, repose la pointe de Marie Taglioni, l'éthérée. De ce ballet en trois actes (1839), Philippe Taglioni signe, comme souvent, l'argument et la chorégraphie. Sur une musique de Maurer, il réunit le fantôme d'une jeune fille morte d'avoir humé le parfum d'un bouquet de fleurs et son amoureux – Antonio Guerra – que poursuit le souvenir des jours heureux. Lors de la reprise à Londres, en 1840, de ce ballet créé à Saint-Pétersbourg, le critique du *Times* émet quelques réserves : «L'idée du ballet est magnifique et poétique au plus haut degré, mais le ballet lui-même est surchargé; il traîne inutilement en longueur.» Cependant, il ne manque pas de louer l'interprétation de Taglioni, cet «être qui vole plutôt qu'il ne marche», allant jusqu'à préciser que les fleurs sur lesquelles elle pose son pied «ne plient pas sous son poids»! En juin 1844, la reprise parisienne de *L'Ombre* marque les adieux de Taglioni au public de l'Opéra. Alfred de Musset en tire ces vers nostalgiques : «Si vous ne voulez plus danser / Sur ce grand Théâtre si sombre / Ne courez pas après votre ombre / Et tâchez de nous la laisser.»

[l'administration] donnerait 3 ou 4 francs par soirée, avec un maillot. On aurait le même résultat et il y aurait une sérieuse économie réalisée».

«Loin du Danemark»

Le ballet français a désormais affaire à forte concurrence. Londres constitue une rivale de qualité, à l'instar de Saint-Pétersbourg. Mais une autre capitale européenne est en plein épanouissement chorégraphique : Copenhague. Le Lyonnais Antoine Bournonville y a succédé à Vincenzo Galeotti à la tête du Ballet royal, et c'est son fils Auguste qui, après un passage à l'Opéra de Paris, tient les rênes de la compagnie danoise de 1830 à 1877. Il y forgera un important répertoire, dont tout un pan est encore dansé de nos jours, depuis *Conservatoire* (1849) où il fait référence à ses années de formation jusqu'à *Loin*

Auguste Bournonville (ci-dessous) est considéré comme le père de l'école danoise de ballet. C'est dans sa version de 1836 que *La Sylphide* est conservée au répertoire du Ballet royal, à Copenhague. Un siècle durant, le style de Bournonville sera maintenu quasiment intact, vierge ou presque de toute influence extérieure. Il est parfaitement emblématisé par le ballet *Konservatoriet* (ci-contre), création de 1849 qui met en scène une classe de danse parisienne, au début du XIXe siècle.

du Danemark (1860). Lui aussi prise le dépaysement romantique : *Napoli* (1841), *La Kermesse à Bruges* (1851), *Toreador* (1854), *La Fête des fleurs à Genzano* (1858)...

Mais c'est sa version personnelle de *La Sylphide* (1836), sur une partition de Loevenskjold, avec Lucile Grahn dans le rôle titre, qui s'imposera le plus largement. Elle fera connaître dans le monde entier l'école danoise, son chatoyant jeu de pieds, sa spectaculaire vélocité, sa légèreté aérienne.

Au cours de ses voyages, Bournonville absorbe de nombreux idiomes folkloriques dont il enrichit son langage chorégraphique. La joie de vivre qu'il affiche rend, ainsi qu'il le souhaite, «les spectateurs heureux». Contrairement à ce qui se passe en France, Bournonville maintient l'équilibre entre danse masculine et danse féminine. Et c'est au Ballet royal danois – concurremment avec le ballet russe – que le danseur masculin devra son salut.

Après les poétiques séductions du ballet blanc, des régiments de jeunes femmes bien jambées déboulent sur scène et dans les coulisses. Au Foyer de la danse de l'Opéra de Paris, les abonnés viennent rendre hommage à la Beauté… Mais la chorégraphie dans tout cela ? C'est en Russie qu'il faut aller la chercher. A la suite de Saint-Léon, à Saint-Pétersbourg, Marius Petipa donne ses lettres de noblesse à ce que l'on appellera le ballet classique.

CHAPITRE V
PRIMA BALLERINA

On sait Degas peintre de la danse et de la danseuse, on le connaît moins photographe (à gauche). Alors que la danse désormais se féminise, ce n'est plus que dans l'enseignement et la chorégraphie que les danseurs (à droite, Arthur Saint-Léon dans *Salterella*) trouvent leur salut.

On n'avait sans doute jamais vu si grand... *Excelsior* (1881) constitue l'apogée d'un certain ballet italien. Il traduit aussi la confiance en l'avenir grâce au Progrès. Le grand «Galop final des nations» (ci-contre) couronne les six parties de l'ouvrage : L'Obscurantisme, Le Premier Bateau à vapeur, L'Electricité, Le Simoun, La Dernière Mine et l'Apothéose du génie humain. Les personnages ne manquent pas de sel non plus : Papin, l'inventeur de la machine à vapeur, côtoie Volta, celui de la pile électrique... Dans les rangs du corps de ballet, on reconnaît des télégraphistes et des postillons, des ingénieurs et des mineurs, des marins et des paysans, parmi lesquels se mêlent Européens, Asiatiques, Africains et Américains. Le tableau du «Percement du Mont-Cenis» n'est pas le moins applaudi.

Après la centaine de représentations milanaises de 1881, *Excelsior* fera l'objet de nombreuses reprises, parmi lesquelles celles de 1883, 1888, 1909 et 1916 optant pour la même chorégraphie, et celles de 1931 (Naples), de 1967 (Florence), de 1974 et de 1996 (Milan) proposant quelques variantes.

La seconde moitié du XIXe siècle voit le retour en force des artistes italiens. Son unité politique à peine recouvrée, la péninsule leur fait fête : leur époustouflante virtuosité fait florès sur les scènes de Milan, Naples, Rome, Venise ou Florence, ainsi d'ailleurs qu'à l'étranger, comme en témoigne la faveur dont jouissent les Pléiades de Carlo Blasis, sept de ses plus brillants élèves (six jeunes filles et un garçon), que toute l'Europe s'arrache : Amalia Ferraris, Sofia Fuoco, Marietta Baderna, Augusta Domenichettis, Flora Fabbri, Carolina Granzini ainsi que Pascale Borri.

«Excelsior», hymne au progrès

Les danseurs rivalisant de virtuosité, comment ne pas être tenté de les faire briller dans de grands spectacles décoratifs ? *Excelsior* (1881) de Luigi Manzotti illustre ce regain de vitalité, sinon de créativité. A mille lieux des *Giselle*, *Péri* et autres *Esmeralda*, il offre comme un hymne au progrès scientifique. C'est le temps des Expositions universelles (New York, Paris, Londres, Vienne) qui magnifient le génie humain.

Valses, polkas et mazurkas permettent au corps de ballet pléthorique de la Scala et à une kyrielle de solistes de célébrer aussi bien la fée Electricité et les bateaux à vapeur que le percement du canal de Suez !

L'engouement du public pour *Excelsior* s'explique notamment par le fait que jamais la science ni les techniques n'ont été ainsi mis en scène. Les spectateurs restent bouche bée devant l'évocation de la fée Electricité (ci-dessous). D'ailleurs ce succès déborde les frontières italiennes. *Excelsior* est aussi à l'affiche de Her Majesty's Theatre, à Londres, du Niblo's Gardens, à New York, et du Théâtre Eden, à Paris.

Sous la forme d'un «Ballet des nations», l'apothéose d'*Excelsior* loue, drapeaux au vent, la civilisation et la concorde universelle. Un sujet que Tchaïkovski, de passage au Théâtre San Carlo de Naples (1882), qualifie de «bête au-delà de toute expression».

N'importe! Cette revue à grand spectacle exhale si bien l'air du temps qu'elle figure un an à l'affiche d'un nouveau théâtre parisien, l'Eden. La recette dépasse, dit-on, les deux millions de francs or. *Excelsior* n'est pourtant que le premier volet d'une trilogie milanaise superlative dont Romualdo Marenco signe toute la musique. Le «poème chorégraphique»

Amor (1886) réunit 614 interprètes, sans compter les chevaux! Et dans *Sport* (1897), l'ascension du Mont-Blanc et les régates de Venise sont autant d'occasions de régler des tableaux impressionnants où des bataillons de tutus se meuvent en cadence. L'école de danse de la Scala fait référence. Vingt jeunes filles et douze garçons y bénéficient de trois heures de cours par jour. Des générations d'étoiles vont y naître.

Les danseuses travesties sont à la mode

Les spectateurs parisiens, à commencer par les abonnés de l'Opéra, se délectent de l'ambiguïté qu'offre le spectacle des danseuses travesties. Fanny Elssler en uniforme militaire moulant avait fait tourner bien des têtes dans *Le Diable boiteux*. Maintenant, «les gentils hussards de *Paquita* [1846] sont accueillis de la manière la plus gracieuse» relate l'historien Castil-Blaze. Que des dames tiennent les rôles de Pier Angelo dans *La Maschera* (1864) ou de Pepio dans *Les Deux Pigeons* (musique d'André Messager, 1886) ne choque donc personne, bien au contraire. Il en va d'ailleurs de même à Londres où la vogue du travestissement s'impose sur les scènes de l'Empire et de l'Alhambra.

Quel trouble les formes gracieuses de ce «danseur espagnol» provoquent chez les spectateurs de *Paquita* (ci-dessus)! Mais il n'est pas que les travestis qui intéressent les abonnés : une ballerine travaillant son en-dehors ne manque pas non plus d'attrait (en haut).

Malvina Cavalazzi est réputée n'avoir revêtu qu'une unique fois le costume féminin, le temps de danser *Diane*, en 1888.

En travesti ou non, le ballet est en passe d'être considéré comme d'essence purement féminine. En 1880, le théâtre de la Porte-Saint-Martin, à Paris, compte deux premières danseuses, huit secondes danseuses, vingt-quatre coryphées et cent cinquante dames du ballet, les «marcheuses».

Le temps des «grandes horizontales»

Mal considérées, mal rétribuées, ces dernières n'ont d'autre issue que de céder aux sollicitations – nombreuses et fort peu artistiques – dont elles sont l'objet. A une artiste venue demander une augmentation, un directeur fait cette réponse : «Mais, mon enfant, vous avez les coulisses !» On ne s'étonnera pas que les «grandes horizontales» fréquentent le Foyer de la danse où les abonnés ont le privilège de pouvoir venir rendre hommage à la

A la création de *Coppélia* (1870), Eugénie Fiocre qui danse le rôle masculin de Franz (à gauche), suscite les plus vibrantes extases, parmi lesquelles celles du chroniqueur du journal *La Patrie* : «Est-elle (j'allais dire est-il !), est-elle assez gracieuse avec ce costume qui fait valoir des formes qu'un statuaire chercherait longtemps.» Quant à Barbey d'Aurevilly, il loue «ces jambes d'amazone qui tournent aux jambes de héros, tant elles deviennent mâles !»

Tout au long de la seconde moitié du XIXe siècle, l'attention du public parisien va davantage à la danseuse qu'à la danse. A propos de *Javotte* créé en 1899, le critique de *La Liberté* relève : «Il paraît que M. Multzer a copié exactement ses jolis et frais costumes sur ceux des paysans du Nivernais. Tudieu ! que l'on a peu de "dessous" dans ce pays-là – et que l'on a raison, si l'on y montre de si jolies jambes ! Mlle Santori, surtout, est vêtue avec une indécence exquise.»

Beauté. L'ouverture du Foyer de la danse à un public choisi remonte à 1770 environ, alors que le Palais-Royal accueillait encore l'Opéra.

Cet usage s'épanouit entre 1821 et 1873 dans la salle de la rue Le Peletier. Mais alors que dans les années 1830 on y croisait ambassadeurs, ministres et pairs de France, le Foyer du Palais-Garnier, dès 1875, n'attire

En cette fin de siècle, à Paris, le monde du ballet menace de sombrer dans la vénalité. Des romanciers, entre autres Ludovic Halévy et les frères Goncourt, et des peintres comme Honoré Daumier (à gauche) et bien sûr Edgar Degas (ci-dessous) se plaisent à suggérer les rapports ambigus qui peuvent s'établir entre la scène et la salle. Quitte, d'ailleurs, à forcer le trait.

plus que députés, chefs de cabinet et journalistes.

De ces tutus séducteurs, sur scène ou dans le studio de répétition, le peintre Edgar Degas dépose la trace sur une multitude de dessins, pastels, fusains et huiles éclatant de couleurs. Plus cruel, Jean-Louis Forain croque de sombres scènes de coulisse, où corolles de mousseline et hauts-de-forme vaquent à de trop évidents marchandages. Certaines artistes caressent l'espoir qu'un généreux admirateur les «installe» avec – qui sait ? – un brillant mariage à la clef. De là, l'expression «avoir une danseuse».

Le ballet réduit à la fonction de divertissement

Preuve du désintérêt dont le ballet est victime à l'Opéra, le nombre de représentations proprement chorégraphiques est en chute libre : il passe de quarante-trois en 1866 à six en 1869 ! L'art lyrique traverse, lui, une période plus faste avec une multitude de créations comme *Les Vêpres siciliennes* de Verdi (1855), *Faust* de Gounod (1859), *Les Pêcheurs de perles* de Bizet (1863), *L'Africaine* de Meyerbeer (1865), *Mignon* d'Ambroise Thomas (1866). C'est d'ailleurs dans les «divertissements» que le ballet conserve sa raison d'être : la formule même du «grand opéra» exige des danses, au troisième ou au quatrième acte. Ce qui laisse le temps aux membres du très sélect Jockey Club d'aller dîner avant de venir applaudir leurs protégées. Verdi avec son *Don Carlos* (1867) se soumet à cet usage. Wagner, en revanche, déclenche un scandale en plaçant sa bacchanale au premier acte de *Tannhäuser* (1861) !

De ses années passées à la tête de l'Opéra, le Dr Véron conserve une tendresse paternelle pour les «obscures» du corps de ballet. «On ne peut se faire une idée des privations, des souffrances, des fatigues et du courage de ces pauvres filles auxquelles la fortune n'a pas encore souri.» L'espérance les soutient, elles se disent en riant : «Je souffre aujourd'hui, je serai peut-être riche demain.»

«Coppélia», le chef-d'œuvre de Delibes

L'espace de cinq ans, toutefois, deux nouveaux ballets font l'événement : *La Source* (1866) et *Coppélia* (1870) qui résultent tous deux de la collaboration d'Arthur Saint-Léon, du compositeur Léo Delibes et du librettiste Charles Nuitter. *La Source* est destiné à la danseuse allemande Adele Grantzow qu'un accident éloigne malencontreusement de la scène. C'est ainsi que le rôle principal échoit à l'Italienne Guglielmina Salvioni. Inspiré d'un conte d'Hoffmann, *Coppélia* réunit une autre ballerine d'origine italienne, Giuseppina Bozzacchi (Swanilda), et la Française Eugénie Fiocre (Franz) à laquelle les rôles travestis sont volontiers confiés. La disparition de Giuseppina Bozzacchi – morte pendant le siège de la Commune – et, trois mois plus tôt, celle d'Arthur Saint-Léon (le 2 septembre 1870) ne nuiront pourtant pas à la fortune de *Coppélia*. Cet ouvrage demeurera quasiment sans interruption à l'affiche de l'Opéra pendant trois quarts de siècle, alors que *Giselle* n'est plus programmé depuis 1868. *Coppélia* a sur *Giselle* l'avantage de ne revendiquer aucune ambition poétique. Ici, la légèreté du propos, la fraîcheur du ton et la vivacité de l'intrigue rencontrent la faveur d'un public qui ne se lasse pas des mazurkas, czardas, valses et autres galops...

Les créatrices des rôles de Coppélia et de Papillon connaissent toutes deux des destins tragiques. Giuseppina Bozzacchi (ci-contre), que Barbey d'Aurevilly surnomme «la Bozzacchinette», meurt de maladie, le jour de ses dix-sept ans, et Emma Livry (à droite) périt à vingt et un ans des suites de l'embrasement de son tutu.

Débuts de Mlle BOZZACCHI
PREMIERE REPRESENTATION
COPPELIA
Ballet-Pantomime en DEUX actes et TROIS tableaux.
...nilda, Mlle BOZZACCHI Frantz, Mlle E. FIOCRE Coppelius, M. DAUTY
Mlle BOURGOIN. MM. PETIT, CORNET, REMOND, FRIANT, MERANTE, JULES.
Au 3me Tableau : LA CLOCHE Divertissement.
M. MERANTE Mlles FONTA, VILLIERS, MARQUET, MERANTE
PARENT, STOIKOFF, LAMY, MONTAUBRY, RUST, SALABA, GOZELIN
RIBET, FATOU, VITCOQ, PALLIER, A. PARENT, INVERNIZZI, VALIN, LAVIGNE
Les bureaux ouvriront à 7 h. — On commencera à 7 h. 1/2 précises.
VENDREDI 27, LE FREYSCHUTZ et COPPELIA
PRIX DES PLACES :

La chorégraphie, un métier d'homme

Traditionnellement, la chorégraphie est réservée aux hommes. Une fois évincés de la scène, les danseurs n'ont guère d'autre solution que de devenir chorégraphes ou professeurs. Seule Marie Taglioni fait figure d'exception. Retirée de la scène, elle devient inspectrice de la Danse en 1858 et crée sa première chorégraphie deux ans plus tard, *Le Papillon*, avec la danseuse Emma Livry, en qui elle a cru trouver une fille spirituelle, mais qui mourra en 1863.

De moins en moins danseur, de plus en plus mime, Louis Mérante reste tout de même soliste jusqu'à sa mort, à l'âge de cinquante-neuf ans. Il est de la plupart des créations du Second Empire : *Marco Spada*, *Le Papillon*, *La Source*. Et au-delà, il paraît encore dans les ballets dont il assure la chorégraphie : *Gretna Green* (1873), *Sylvia* (musique de Léo Delibes, 1876), *La Korrigane* (livret de François Coppée, 1880).

Arthur Saint-Léon lui aussi assure la double fonction de chorégraphe et d'interprète. Engagé en 1847 par l'Opéra de Paris, avec sa compagne Fanny Cerrito, ce Pygmalion s'y entend parfaitement à magnifier ses partenaires. Mais, de la danse romantique, Saint-Léon ne retient pas le véritable style, il transforme en virtuosité ses codifications techniques. Avec lui débute une nouvelle école qui n'est plus celle de Beauchamps avec sa rigueur linéaire, ni celle des romantiques avec leur exigence poétique, mais une nouvelle manière de danser que l'on qualifie d'académique.

Arthur Saint-Léon «brode» une multitude de ballets dont certains font date : *La Source* et *Coppélia*, bien sûr, mais aussi *La Vivandière* (1844, ci-contre) et *Le Violon du diable* (1849, en bas), avec dans les deux cas Fanny Cerrito dans le rôle principal. Alors que *La Vivandière* conte l'histoire d'une jeune Hongroise pauvre qui ne peut épouser le fils d'un riche cabaretier, *Le Violon du diable* reprend le mythe de Faust sous la forme d'un plaisant divertissement.

Saint-Léon, «Le Violon du diable»…

Au terme de son union avec la belle Napolitaine, Arthur Saint-Léon met son talent au service de

Martha Muravieva qu'il a découverte en Russie. Ce sera, successivement, *Diavolina* (Paris, 1863), *Fiammetta* (Saint-Pétersbourg, 1864) et surtout *Le Petit Cheval bossu* (Saint-Pétersbourg, 1864). Le livret de cet ouvrage tire sa substance d'un conte populaire. C'est la première fois apparemment qu'un ballet puise directement dans le patrimoine russe. Le succès est tel que plus de 200 représentations en seront données. *Koniok Gorbunok* – titre original – restera à l'affiche du ballet soviétique tout au long de la première moitié du XXe siècle.

Saint-Léon, qui a débuté comme danseur à Munich et comme violoniste à Stuttgart, conjugue ces deux talents dans son ballet *Le Violon du diable*. Rien d'étonnant : jusqu'à ce que se prenne l'habitude d'accompagner les classes de danse au piano, les maîtres de ballet jouent eux-mêmes sur une «pochette», un violon de petite dimension. Divers engagements mènent ensuite Saint-Léon à Bruxelles, Turin, Milan, Rome, Vienne, Londres, Paris et donc Saint-Pétersbourg.

La création de *Pâquerette* à l'Opéra de Paris, le 15 janvier 1851, vaut à Saint-Léon l'ironie du caricaturiste Marcelin et les louanges du critique du *Théâtre*. Ce dernier voit dans le chorégraphe un «homme d'un immense talent, un artiste dans la pleine acception du mot». Le pas-de-quatre qu'il interprète, comme en écho au *Pas des déesses*, avec Fanny Cerrito et deux autres danseuses, est particulièrement apprécié du public.

Petipa, des Etats-Unis à la Russie

Le génial Marius Petipa n'est pas en reste : né à Marseille en 1818, il part en 1839 pour New York – vingt-deux jours de navigation –, où il se fait exploiter par un impresario véreux. Il retourne alors à Paris, passe une année à Bordeaux, accepte en 1845 un contrat à Madrid, où il fait l'apprentissage des danses espagnoles, et enfin répond, deux ans plus tard, à l'invitation du directeur des Théâtres impériaux qui lui offre une place de premier danseur sur les bords de la Néva. A la différence de Saint-Léon et de Perrot, Petipa ne quittera plus la Russie dont il fera sa nouvelle patrie. Il épousera Maria Sourovchtchikova, une danseuse d'une telle grâce, à l'en croire, «qu'il arrivait qu'on la comparât à Vénus».

Néanmoins, c'est Carolina Rosati qui, à l'occasion de ses adieux au public pétersbourgeois, lui inspire *La Fille du pharaon* (musique de Pugni, 1862), d'après *Le Roman de la momie* de Théophile Gautier. Cet ouvrage est si apprécié – deux cent huit représentations en seront données – que Petipa se voit aussitôt offrir le poste de maître de ballet en second. Sept ans plus tard, le départ de Saint-Léon – que l'Opéra de

Le Roi Candaule (1868), un des premiers grands succès de Marius Petipa à Saint-Pétersbourg, atteint le nombre record de vingt-deux représentations, la première saison.

«Le Pas de Vénus» durant lequel Henriette d'Or exécute cinq pirouettes sur la pointe fait tout particulièrement sensation. D'autres ballerines, parmi lesquelles Carlotta Brienza (ci-contre) se disputeront le privilège de reprendre le rôle de Nisia, la fille du roi.

Paris invite à monter ce qui sera son chef-d'œuvre, *Coppélia* – permet à Petipa d'accéder à la première place, promotion accélérée, il est vrai, par le succès de son *Roi Candaule* (Pugni).

Les flonflons de la musique de ballet

Mais si le ballet a pris son essor et une réelle place au sein des beaux-arts, la musique de ballet, elle, stagne, se contentant, comme le dira Serge Lifar, de «scander, plutôt

Petipa (ci-contre) porte le ballet «classique» à son apogée. Il tresse d'éblouissantes variations, tout particulièrement pour les ballerines italiennes, et agence de somptueux ensembles pour le corps de ballet comme pour les enfants (en bas).

"flon-floner" des rythmes stéréotypés comme le sourire de l'étoile». «Compositeur des ballets», Pugni – à l'instar de son successeur l'Autrichien Léon Minkus (*Don Quichotte*, *La Bayadère*) ou de Riccardo Drigo (*Arlequinade*), le chef d'orchestre du Maryinski – note les adages, les variations ou les polkas qui lui viennent à l'esprit. Il les range ensuite dans un tiroir. Et le jour venu, il les ressort pour étoffer indifféremment *Catarina* ou *La Fille du bandit*, *Eoline ou La Dryade*. A moins que ce ne soit la ballerine elle-même qui vienne «chercher tant de mesures de valse pour une variation, comme elle achèterait tant de mètres de tissu» (Serge Lifar).

Les mélanges musicaux, à usage chorégraphique, n'effraient personne. Il n'est pas rare qu'à la partition originale le maître de ballet ajoute des pièces d'un autre musicien. Marius Petipa introduit un «pas-de-trois» ainsi qu'un «grand pas» de Minkus dans la *Paquita* composée par Deldevez, et diverses pages de Minkus, Drigo et Pugni dans *Le Corsaire* d'Adam. En revanche, c'est d'un commun accord que Minkus

Il en va de *Don Quichotte* comme de bien d'autres ballets de Petipa, tels *La Bayadère*, *Le Corsaire* ou *La Belle au bois dormant*... Avec le temps, de reprise en reprise, des modifications y sont apportées. Ainsi, la version de Rudolf Noureev, montée en 1981 à l'Opéra de Paris (ci-dessus, avec Monique Loudières et Manuel Legris) retouche-t-elle à la fois à l'argument, à la chorégraphie, à la mise en scène et à la musique, John Lanchberry retravaillant la partition de Minkus.

et Delibes se sont partagé *La Source*, créé en 1866 sur la scène de l'Opéra de Paris.

Enfin de vrais musiciens pour le ballet

Les scènes impériales de Saint-Pétersbourg connaissent des heures fastes sous l'égide d'Ivan Vsevolojski, «directeur noble et cultivé», selon Petipa. Vsevolojski s'empresse en 1886 de supprimer le poste de «compositeur de ballet». Conséquence : la palette des musiciens s'élargit. Petipa monte *La Belle au bois dormant* (sur un livret de Vsevolojski lui-même, 1890) et *Le Lac des cygnes* (1895) en étroite collaboration avec son assistant Lev Ivanov. Malade, il passe d'ailleurs la main à Ivanov pour *Casse-Noisette* (1892). En revanche, de Glazounov, il porte seul à la scène *Raymonda* (1898), *Les Ruses d'amour* (1900) et *Les Saisons* (1900). S'il ne prend pas de gants pour tailler dans les partitions de compositeurs mineurs, Petipa met un soin scrupuleux à respecter le travail d'un Tchaïkovski ou d'un Glazounov. Il est vrai que les musiciens se soumettent à un plan détaillé.

Si du règne de Marius Petipa subsiste surtout le souvenir de grandes ballerines, les danseurs ne sont pas pour autant en reste. Pavel Gerdt (à gauche, dans *La Bayadère*) est notamment distribué dans les plus fameuses productions du chorégraphe : *La Fille du Danube, La Belle au bois dormant, Cendrillon, Halte de Cavalerie*, ou encore *Raymonda, Le Lac des cygnes*...

Non content de passer commande à Petipa de ses chefs-d'œuvre, Ivan Vsevolojski (ci-dessus), le directeur des Théâtres impériaux, dessine les costumes d'une vingtaine de productions dont *La Belle au bois dormant* et *Casse-Noisette*.

Histoire de cygnes

Longue est la litanie des chorégraphes qui se sont mesurés au *Lac des cygnes*, avant et après le duo Petipa-Ivanov ! La création du ballet, au Bolchoï de Moscou, en 1867, est confiée à l'Autrichien Wenzel Reizinger. Trois ans plus tard, l'ouvrage est repris, à Moscou toujours, par Olaf Hansen. En 1888, à Prague, a lieu la première du *Lac* hors de Russie : mais Augustin Berger n'en règle que le deuxième acte. Tchaïkovski, mort en 1893, n'aura donc connu que ces demi-succès. Ce n'est qu'avec la version Petipa-Ivanov, de 1895, que *Le Lac des cygnes* entre dans l'histoire. Ce triomphe suscite notamment l'intérêt d'Alexandre Gorski (Moscou, 1901), de Fokine (d'après Petipa, Londres, 1911) et de Mordkin (New York, 1911), ou encore de Vaganova (Leningrad, 1933), et de Sergeiev (Londres, 1934). Parmi toutes ces versions, celle que Vladimir Bourmeister monte en 1956, à Moscou, fait date. Le chorégraphe accentue l'aspect humain de l'ouvrage et exalte la profondeur des sentiments qui s'y expriment (ci-contre, avec le Ballet de l'Opéra de Paris, 1992).

La Bayadère de Noureev

C'est à l'âge de vingt ans que Rudolf Noureev aborde pour la première fois le rôle du guerrier Solor dans *La Bayadère*, d'après Petipa. Trois années plus tard, à l'occasion d'une tournée, le Ballet du Kirov révèle au public parisien le tableau dit des Ombres. Rudolf Noureev s'y montre subjuguant. En 1963, ayant «choisi la liberté», le jeune prodige répond à l'appel du Royal Ballet et monte à Londres cette chorégraphie des Ombres. Il la reprend à l'Opéra de Paris en 1974, où il danse encore *Solor*. A l'instar de Natalia Makarova – autre transfuge du Kirov – pour l'American Ballet Theatre en 1980, Noureev entreprend de régler une version quasi intégrale de *La Bayadère*, à l'Opéra de Paris (ci-contre). Gravement malade, il requiert le concours de Ninel Kourgapkina, qui avait été sa partenaire à Leningrad. Avec son aide, il remonte les deux premiers actes en se référant à la version du Kirov, et les chapeaute par les Ombres. Cette production triomphale constitue comme le testament artistique de Noureev.

S'agissant de *La Belle au bois dormant*, Petipa écrit à Tchaïkovski : «Tout à coup, Aurore aperçoit la vieille qui scande sur ses aiguilles à tricoter une mesure à 2/4. Progressivement, elle se transforme en une valse très chantante à 3/4. Soudain, une pause. Elle se tait. La douleur. Des cris. Le sang coule (huit mesures très amples à 4/4)...»

Petipa ne se prive pas non plus d'adresser des remarques : «Je vous demande, Monsieur Glazounov, d'être moins monotone.» Et de se plaindre lorsque ce dernier fait la sourde oreille : «Glazounov n'accepte pas de changer une seule note de la variation de Legnani, et encore moins de faire la plus petite coupure dans le galop.»

L'attention qu'il porte à la musique s'exprime dans de rigoureuses constructions chorégraphiques dans lesquelles on peut voir comme une «symphonisation de la danse». C'est dans *La Belle au bois dormant* que culmine ce que l'on dénommera le ballet classique (ou post-romantique). Ekaterina Heltzer, une des figures de proue du Bolchoï et du Maryinski, loue le goût de Petipa. «Chez lui, des figures de danse comme le fouetté ou le pas de bourrée se fondent entièrement dans la musique et le rôle. Le mérite incomparable de Petipa est de ressentir toujours le style de l'époque donnée et l'individualité de l'acteur.»

Une fusion de la danse, de la musique et de la dramaturgie

Cette fusion de la danse, de la musique et de la dramaturgie, qui caractérise le nouveau ballet classique, est emblématisée par une ballerine

Des trois ballets de Tchaïkovski, *La Belle au bois dormant* (1890) incarne certainement le mieux le style classique de Petipa, avec ces clés de voûte que sont «L'Adage à la rose», le pas-de-deux de «L'Oiseau bleu» et le pas-de-deux d'«Aurore et le prince». A la suite de Carlotta Brianza, les plus grandes ballerines se mesureront au rôle d'Aurore, telle Olga Spessivtzeva (à droite), sous l'égide de Diaghilev, en 1921. Les danseuses classiques continuent aujourd'hui à y voir l'épreuve suprême dont dépend leur titre d'étoile.

à la technique irréprochable : Carlotta Brianza, la première Aurore. Avec elle et avec Virginia Zucchi, la virtuose école italienne fait une timide apparition au Maryinski. Dans *Cendrillon* (1893), Pierina

Six occlon un oficer avec des halbar das
le Roi, la Réné des officers e seigneur dame
de Cour, huit pretrèsses toute en blanc echarp
Bleu la jeune princesse, voile un bandeau de
diamans, huit jeune pretre rouge e blanc
un grand pretre toute an blanc e un otel entre

Legnani, la *prima ballerina assoluta*, introduit les trente-deux fouettés que toute étoile digne de ce nom se devra désormais d'exécuter ; une pièce de bravoure dont Petipa ne manquera pas de parer également le rôle d'Odile dans *Le Lac des cygnes.* Mais le vieux maître lutte pied à pied contre les acrobaties qui font florès en Italie et en France : «Le ballet est un art sérieux où doivent primer la plastique et la beauté et non des sauts et des pirouettes insensées où l'on lève la jambe par-dessus la tête; cela ne relève pas de l'art mais de la plus parfaite bouffonnerie.»

La jeune génération piaffe d'impatience

Petipa attribue à l'école italienne le déclin de la danse en Europe, Danemark excepté. L'école russe, elle, est en plein épanouissement. Mais c'est grâce aux étrangers que la direction des Théâtres impériaux fait venir à grands frais... Ainsi le Suédois Christian Johansson compte-t-il parmi ses élèves les graines d'étoiles que sont Kchessinska et Preobrajenska – et plus tard, Karsavina –, ainsi que Pavel Gerdt. A Vsevolojski et à son «digne successeur» le prince Volkonski, fait suite le «colonel ès arts» Vladimir Teliakovski, «adversaire acharné» de Petipa. Déterminé à injecter du sang

L'ère Petipa consacre le triomphe des ballerines italiennes comme Virginia Zucchi (à gauche), Pierina Legnani (page de droite, en bas) et Carlotta Brianza (page de droite, en haut). Leur virtuosité inspire le chorégraphe et ses assistants, et séduit les balletomanes. Mais simultanément, une garde montante russe s'apprête à prendre la relève. Olga Preobrajenska et Mathilde Kchessinska en font partie, de même que les frères Nicolas et Serge Legat.

neuf au ballet impérial, il voit dans le vieux chorégraphe un obstacle au renouvellement du répertoire.

Il n'est pas seul. En cette aube du XXe siècle, une pléiade de jeunes talents piaffent d'impatience. Ils ont nom Nicolas et Serge Legat, Alexandre Gorski et Michel Fokine. De la coulisse, Serge Diaghilev, qui a été l'adjoint de Volkonski, prépare l'entrée en scène de ses Ballets Russes. La mort dans l'âme,

Marius Petipa, que le tsar a pourtant nommé «maître de ballet à vie», prend sa retraite en 1903. A sa deuxième patrie, il laisse en héritage une kyrielle de ballets de sa façon, ainsi que la *Giselle* de Coralli et Perrot qu'il a légèrement retouchée. C'est à lui, d'ailleurs, que cet ouvrage clé doit sa survie, tous les autres théâtres l'ayant déjà rayé de leurs répertoires. Et curieusement, c'est Diaghilev, lui si avide de nouveauté, qui révélera à l'Europe la magie de *La Belle au bois dormant* (Londres, 1921).

“J'étais loin de comprendre à cette époque que nous assistions au déclin de l'ère de gloire de notre ballet. La force qui avait créé cet organisme formidable s'écoulait peu à peu. Marius Petipa s'était retiré. Il restera dans l'histoire du ballet comme une figure extraordinaire. Personne ne douta de son génie tant qu'il fut en vie, mais la richesse de son influence n'a pu être appréciée que rétrospectivement, en contraste avec le mouvement moderne. la puissance des créations de Petipa s'est étendue bien au-delà de son époque et n'est pas encore effacée.”

in *Les Souvenirs de Tamara Karsavina : les Ballets Russes*, 1931

TÉMOIGNAGES ET DOCUMENTS

Danse académique

Le développement de la danse italienne est favorisé en France par la haute protection que lui accorde le souverain. La considération dont elle jouit ainsi lui vaut d'être «académisée» et, par là, reconnue en tant qu'art à part entière, digne d'être pratiquée par des «gens de qualité». Que les chorégraphies soient le plus souvent composées par des danseurs-musiciens ou des musiciens-danseurs comme Jean-Baptiste Lully ne freinera pas longtemps ce processus d'émancipation.

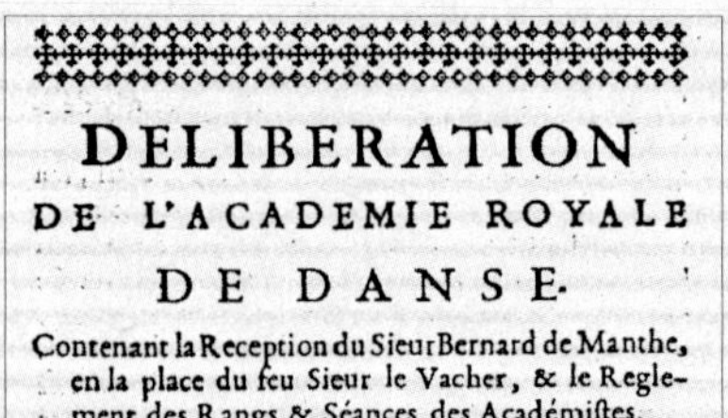
DELIBERATION
DE L'ACADEMIE ROYALE
DE DANSE.
Contenant la Reception du Sieur Bernard de Manthe, en la place du feu Sieur le Vacher, & le Reglement des Rangs & Séances des Académistes.

De la nécessité de rétablir la danse «dans sa première perfection»

A tous présents et à venir, SALUT. Bien que l'Art de la Danse ait toujours été reconnu l'un des plus honnêtes et plus nécessaires à former le corps, et lui donner les premières et plus naturelles dispositions à toutes sortes d'exercices et entre autres à ceux des armes, et par conséquent l'un des plus avantageux et plus utiles à notre Noblesse, et autres qui ont l'honneur de Nous approcher, non seulement en temps de guerre dans nos armées, mais même en temps de paix dans le divertissement de nos Ballets : néanmoins il s'est, pendant les désordres et la confusion des dernières guerres, introduit dans ledit Art, comme en tous les autres, un si grand nombre d'abus capables de les porter à leur ruine irréparable, que plusieurs personnes, pour ignorants et inhabiles qu'ils aient été en cet Art de la Danse se sont ingérés de la montrer publiquement : en sorte qu'il y a lieu de s'étonner que le petit nombre de ceux qui se sont trouvés capables de l'enseigner, ayant par leur étude et par leur application si longtemps résisté aux essentiels défauts, dont le nombre infini des ignorants ont tâché de la défigurer et de la corrompre en la personne de la plus grande partie des gens de qualité; ce qui fait que Nous en voyons peu dans notre Cour et suite, capables en état d'entrer dans nos Ballets et autres semblables divertissements de Danse, quel que dessein que Nous eussions de les y appeler. A quoi étant nécessaire de pourvoir, et désirant rétablir ledit Art dans sa première perfection, et l'augmenter autant que faire se pourra : Nous avons jugé à propos d'établir dans notre bonne ville de Paris, une Académie Royale de Danse à l'exemple de celles de Peinture et

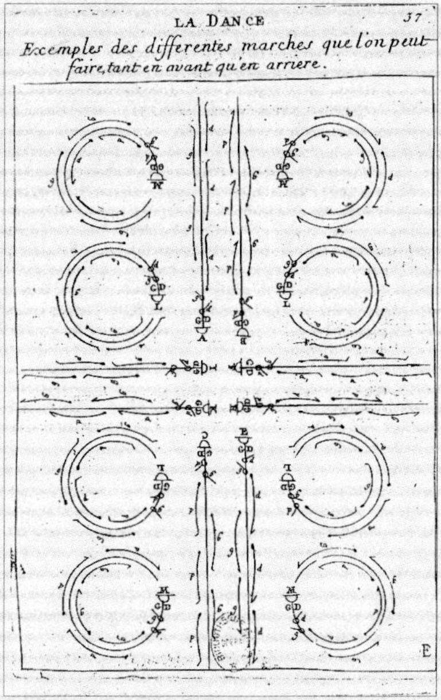

Sculpture, composée de treize des Anciens et plus expérimentés au fait dudit Art, [...] pour y conférer entre eux du fait de la Danse, aviser et délibérer sur les moyens de la perfectionner, et corriger les abus et défauts qui y peuvent avoir été ou être ci-après introduits; tenir et régir ladite Académie, suivant et conformément auxdits Status et Réglements : faisant très expresses défenses à toutes personnes de quelque qualité qu'ils soient, d'y contrevenir, aux peines y contenues, et de plus grandes s'il y écheoit. Voulons que les susnommés et autres qui composeront ladite Académie, jouissent à l'instar de ladite Académie de, Peinture et de Sculpture, du droit de *Committimus*, de toutes leurs causes personnelles, possessoires, hypothécaires ou mixtes, tant en demandant que défendant par devant les Maîtres des Requêtes ordinaires de notre Hôtel, ou aux Requêtes du Palais à Paris, à leur choix : tout ainsi qu'en jouissent les Officiers Commenseaux de notre Maison, et décharge de toutes tailles et curatelles, ensemble de tout guet et garde. Voulons que ledit Art de Danse soit et demeure pour toujours exempt de toutes Lettres de Maîtrises, et si par surprise ou autrement en quelque manière que ce soit, il en avait été ou était ci-après expédié aucune; Nous les avons dès à présent révoquées, déclarées nulles et de nul effet; faisant très expresses défenses à ceux qui les auront obtenues de s'en servir, à peine de quinze cents livres d'amende, et autant de dommages et intérêts, applicables à ladite Académie. SI DONNONS EN MANDEMENT à nos amis et féaux les gens tenant notre Cour de Parlement de Paris, que ces présentes ils aient à faire, lire, publier et registrer, car tel est notre plaisir.

Lettres patentes du roi pour l'établissement de l'Académie Royale de Danse en la ville de Paris , mars 1661.
Signées Louis, contreseing de Henri de Guénégaud,
visa du chancelier Séguier,
enregistrées au Parlement le 30 mars 1662,
Archives nationales

«Pour prouver que la Danse, dans sa plus noble partie, n'a pas besoin des instruments de Musique»

Que s'il fallait parler des qualités nécessaires aux personnes qui dansent, et à celles qui jouent du Violon, il ne serait pas difficile de faire voir que les Danseurs ont tout l'avantage; car ils doivent être bien faits du corps, et l'on sait qu'une formation heureuse et agréable est quasi toujours une marque de la bonté de l'âme, ils doivent être naturellement adroits et débarrassés, ils doivent avoir le corps et l'esprit souples, et ils ne sauraient s'introduire chez les personnes de condition, sans avoir ou sans contracter des teintures d'honnêteté et de courtoisie, qui supposent presque toujours une honnête naissance, ou du moins une bonne éducation.

Les joueurs de Violon n'ont pas besoin de tout cela; ils peuvent être boiteux, aveugles et bossus, sans que personne s'en scandalise, il ne leur faut que l'oreille et les bras pour bien jouer; et quoique la plupart de ceux qui sont aujourd'hui dans les Charges soient fort bien faits, et honnêtes gens, ils avoueront sans doute qu'ils pourraient avoir moins de mine et moins d'honnêteté, et ne laisser pas d'être de fort bons Violons.

Mais pour finir par le plus grand avantage que la Danse ait jamais remporté fur le Violon, elle dira que le Roi, qui n'a négligé aucune des belles connaissances qui peuvent compatir avec la Majesté Royale, n'a pas dédaigné d'employer cette merveilleuse adresse qu'il a reçue du Ciel pour tous les beaux exercices. A celui de la Danse qu'il sait en perfection, et qu'il a bien voulu être protecteur de son Académie, et lui donner pour vice-protecteur Monsieur le Comte de Saint-Aignan, qu'on sait être un des plus spirituels et des plus galants hommes de sa Cour.

Discours académique, «Pour prouver que la Danse...», 12 mars 1730

La Palme à Pécour et à l'Etang

Lully, qui dès sa première jeunesse s'était attaché à la cour de Louis le Grand, oublia en quelque façon sa patrie et fit si bien par ses travaux que la France triompha sans peine et pour toujours de l'Italie, par le charme de ces mêmes spectacles que Rome et Venise avaient inventés. Il ne se borna point à leur donner tout l'éclat que la musique pouvait fournir; comme il était obligé de représenter des Triomphes, des Sacrifices, des Enchantements et des Fêtes galantes qui exigeaient des airs caractérisés pour la danse, il fit choix de tout ce que la France avait de plus habiles danseurs. Beauchamps, qui était pour lors à la cour compositeur des ballets du roi, comme Lully l'était de la musique, fut choisi pour composer les danses de l'Opéra. Je ne puis trop donner de louanges à la juste réputation qu'il s'est acquise. Ses premiers essais furent des coups de maître et il partagea toujours légitimement les suffrages que le musicien s'attirait de plus en plus. Il était savant et recherché dans sa composition, et il avait besoin de gens habiles pour exécuter ce qu'il inventait : heureusement pour lui qu'il avait dans Paris et à la cour les danseurs les plus habiles, Saint-André, Favier l'aîné, Favre, Boutteville, Dumiraille et Germain. Mais, quels que fussent les talents de tous ces danseurs, de leur propre aveu la palme était réservée à Pécour et à L'Etang, qui depuis ce temps ont été les modèles de tous ceux qui ont voulu briller dans la même carrière. Le caractère de l'un et de l'autre n'était pas le même. Ils étaient tous deux formés par la nature avec les grâces et avec toutes les dispositions de la belle danse.

Pierre Rameau,
Le Maître à danser,
Paris, 1725

Contre ces ballets qui tombent des nues

Le public, aisément, s'était laissé aller à l'usage bizarre de cette multitude de ballets dont la plupart sont mal amenés, parce qu'il y trouvait une trêve à l'ennui que lui causait autrefois l'excessive longueur des scènes dénuées de morceaux de musique mesurés. Aujourd'hui, demandant un intérêt plus vif à la place de cette froideur excessive, exigeant un récitatif plus débité et coupé de divers morceaux de musique, le public, dis-je, n'aura plus besoin de ces ballets qui tombent des nues pour le tirer de la léthargie produite par tant de scènes monotones et traînantes.

Pour ne rien laisser à dire sur cette fureur dominante des ballets, serait-il raisonnable d'abandonner un beau et grand sujet d'opéra parce qu'il ne fournirait pas à chaque acte un divertissement; et pourquoi priver le public d'un bon ouvrage pour autoriser et étendre l'abus de la danse? D'ailleurs ne peut-il pas être dédommagé par quelques belles marches guerrières, ou par quelque autre spectacle pompeux, plus fait pour agrandir, ennoblir et enrichir la scène que les petits groupes d'un joli ballet?

De même ne regrettera-t-on pas à juste titre de voir dans l'oubli tant de beaux poèmes anciens tels que *Tancrède*, *Didon*, *Pirame*, et beaucoup d'autres sur lesquels nos compositeurs n'osent exercer leurs talents et leur génie, parce qu'une catastrophe tragique à la fin ne leur permet pas de renvoyer, suivant l'usage, le public en dansant? Comme s'il n'était pas aisé de lever cette difficulté, en donnant à la suite de pareils opéras un superbe ballet historique, ainsi que le célèbre Noverre le pratique en Angleterre, en Italie et dans toutes les cours d'Allemagne où il se fait admirer et s'immortalise par les efforts de génie les plus puissants. Ces sortes de ballets, traités avec esprit et en grand, sont peut-être plus faits pour attirer la foule et l'enivrer de plaisir qu'un très bon opéra, dont peu de personnes savent apprécier les beautés. C'est que l'action pantomime est plus décidée et moins contrainte que l'action avec le chant; c'est que, dans cette scène muette, on peut se livrer plus librement aux expressions les plus vives, aux gestes les plus marqués et parcourir le théâtre tant que l'on veut sans crainte d'altérer un son de voix et de le dérober aux spectateurs. A ces ressources, on pourrait ajouter celle de donner en ballet historique un autre fait de la vie du héros qui aurait fourni le sujet de l'opéra du jour, et alors il y aurait au moins unité d'intérêt et point de disparates entre le sujet représenté et les danses marchant à sa suite.

Il faut convenir que cette espèce de ballets, susceptibles d'un grand spectacle, ne peut manquer d'occasionner de la dépense, mais ne rendrait-il pas à proportion? Dans quelle carrière est-ce qu'il ne faut pas semer pour recueillir? Mais d'ailleurs il y a une remarque importante à faire : c'est que ces divertissements ne seraient pas aussi coûteux pour le théâtre de Paris qu'ils le sont pour les cours étrangères où Noverre les donne, cet artiste n'y trouve pas, il s'en faut bien, en décorations et en habits, les ressources d'un magasin tel que celui de notre Opéra, dans lequel on trouverait, à peu de chose près des assortiments de décoration pour plusieurs de ces ballets. Quand aux habits, ils ne diffèrent en rien de ceux dont on se sert pour les autres divertissements. Rien ne peut donc s'opposer à l'établissement des ballets historiques.

Mémoire sur l'Administration de l'Opéra, sur les moyens d'en corriger les abus et d'en perfectionner l'ensemble,
François Gossec, 1776

Le respect des codes

Bien que la danse soit l'art le moins susceptible d'être aisément verbalisé, les codes et les traités ne manquent pas qui, dès le XVe siècle, fixent les règles et décrivent les pas. Les praticiens que sont les maîtres de ballet se plaisent souvent à théoriser. De riches débats d'idées s'engagent ainsi, par livres interposés. Des livres qui circulent dans toute l'Europe et qui sont comme autant de références.

PANDOURE

De la composition des ballets

Ouvrage fondamental, les Lettres de Noverre *donnent une idée de l'état de la danse, vers 1760. Et surtout, elles tracent les pistes d'une réforme profonde à laquelle nombre de chorégraphes se rallieront.*

La poésie, la peinture et la danse ne sont, Monsieur, ou ne doivent être qu'une copie fidèle de belle nature; c'est par la vérité de cette imitation que les ouvrages des Racine, des Raphaël ont passé à la postérité; après avoir obtenu (ce qui est plus rare encore) les suffrages mêmes de leur siècle. Que ne pouvons-nous joindre aux noms de ces grands hommes ceux des maîtres de ballets, les plus célèbres dans leur temps! mais à peine les connaît-on; ce n'est pas néanmoins la faute de l'art. Un ballet est un tableau, la scène est la toile, les mouvements

Costumes de Boquet pour les ballets de Noverre.

LA JALOUSIE

mécaniques des figurants sont les couleurs, leur physionomie est, si j'ose m'exprimer ainsi, le pinceau, l'ensemble et la vivacité des scènes, le choix de la musique, la décoration et le costume en font le coloris; enfin, le compositeur est le peintre. Si la nature lui a donné ce feu et cet enthousiasme, l'âme de la peinture et de la poésie, l'immortalité lui est également assurée. L'artiste a ici, j'ose le dire, plus d'obstacles à surmonter que dans les autres arts; le pinceau et les couleurs ne sont pas dans ses mains; ses tableaux doivent être variés, ne durer qu'un instant; en un mot, il doit faire revivre l'art du geste et de la pantomime, si connu dans le siècle d'Auguste. Toutes ces difficultés ont sans doute effrayé mes prédécesseurs; plus hardi qu'eux, peut-être avec moins de talent, j'ai osé me frayer des routes nouvelles; l'indulgence du public m'a encouragé, elle m'a soutenu dans des crises capables de rebuter l'amour-propre; et mes succès semblent m'autoriser à satisfaire votre curiosité sur un art que vous chérissez et auquel je consacre tous mes moments.

Les ballets n'ont été jusqu'à présent que de faibles esquisses de ce qu'ils peuvent être un jour. Cet art entièrement soumis au goût et au génie, peut s'embellir et se varier à l'infini. L'histoire, la fable, la poésie, la peinture, tout lui tend les bras pour le tirer de l'obscurité où il est enseveli; et l'on s'étonne, avec raison, que les compositeurs dédaignent des secours si précieux.

Parler à l'âme

Les programmes des ballets qui ont été donnés, il y a un siècle ou environ, dans les différentes cours d'Europe, feraient soupçonner que cet art, loin d'avoir fait des progrès, a perdu beaucoup : ces sortes de tradition, il est vrai, sont toujours fort suspectes. Il en est des ballets comme des fêtes en général; rien de si beau, de si élégant sur le papier, rien de si maussade et de si mal entendu souvent à l'exécution.

Je pense, Monsieur, que cet art est resté dans l'enfance, que parce qu'on en a borné les effets à celui de ces feux d'artifice, faits simplement pour amuser les yeux. Quoiqu'il partage avec les meilleurs drames l'avantage d'intéresser, d'émouvoir et de captiver le spectateur par le charme de l'illusion la plus parfaite, on ne l'a pas soupçonné de pouvoir parler à l'âme.

Si les ballets en général sont faibles, monotones et languissants; s'ils sont dénués de ce caractère d'expression qui en est l'âme, c'est moins, je le répète, la faute de l'art que celle de l'artiste : ignore-t-il que la danse est un art d'imitation? Je serais tenté de le croire, puisque le plus grand nombre des compositeurs sacrifient les beautés de la danse et abandonnent les grâces naïves du sentiment pour s'attacher à copier servilement un certain nombre de figures dont le public est rebattu depuis un siècle; de sorte que les ballets de *Phaëton* ou de tout autre opéra ancien, remis par un compositeur moderne, diffèrent si peu de ceux qui avaient été faits dans la nouveauté de ces opéras, que l'on s'imaginerait que ce sont toujours les mêmes.

En effet il est rare pour ne pas dire impossible, de trouver du génie dans les ballets, de l'élégance dans les formes, de la légèreté dans les groupes, de la précision et de la netteté dans les chemins qui conduisent aux différentes figures; à peine connaît-on l'art de déguiser les vieilles choses et de leur donner un air de nouveauté.

Il faudrait que les maîtres de ballet

consultassent les tableaux des grands peintres; cet examen les rapprocherait sans doute de la nature; ils éviteraient alors, le plus souvent qu'il leur serait possible, cette symétrie dans les figures qui, faisant répétition d'objet, offre sur la même toile deux tableaux semblables.

Une scène d'action

Dire que je blâme généralement toutes les figures symétriques, penser que je prétende en abolir totalement l'usage, ce serait me donner un ton de singularité ou de réformateur que je veux éviter.

L'abus des meilleures choses est toujours nuisible; je ne désapprouve que l'usage trop fréquent et trop répété de ces sortes de figures : usage dont mes confrères sentiront le vice lorsqu'ils s'attacheront à copier fidèlement la nature et à peindre sur la scène les différentes passions, avec les nuances et le coloris que chacune d'elles exige en particulier.

Les figures symétriques de la droite à la gauche ne sont supportables, selon moi, que dans les corps d'entrée, qui n'ont aucun caractère d'expression et qui ne disant rien, sont faits uniquement pour donner le temps aux premiers danseurs de reprendre leur respiration. Elles peuvent avoir lieu dans un ballet général qui termine une fête; elles peuvent encore passer dans des pas d'exécution, de quatre, de six, etc, quoique, à mon sens, il soit ridicule de sacrifier dans ces sortes de morceaux l'expression et le sentiment à l'adresse du corps et à l'agilité des jambes; mais la symétrie doit faire place à la nature dans les scènes d'action. Un exemple, quelque faible qu'il soit, me rendra peut-être plus intelligible et suffira pour étayer mon sentiment.

Une troupe de nymphes, à l'aspect imprévu d'une troupe de jeunes faunes prend la fuite avec autant de précipitation que de frayeur; les faunes, au contraire, poursuivent les nymphes avec cet empressement que donne ordinairement l'apparence du plaisir : tantôt ils s'arrêtent pour examiner l'impression qu'ils font sur les nymphes; celles-ci suspendent en même temps leur course; elles considèrent les faunes avec crainte, cherchent à démêler leurs desseins et à s'assurer par la fuite un asile qui puisse les garantir du danger qui les menace; les deux troupes se joignent, les nymphes résistent, se défendent et s'échappent avec une adresse égale à leur légèreté, etc.

Voilà ce que j'appelle une scène d'action où la danse doit parler avec feu, avec énergie; où les figures symétrique et compassées ne peuvent être employées sans altérer la vérité, sans choquer la vraisemblance, sans affaiblir l'action et refroidir l'intérêt. Voilà dis-je, une scène qui doit offrir un beau désordre et où l'art du compositeur ne doit se montrer que pour embellir la nature.

Un maître de ballets, sans intelligence et sans goût, traitera ce morceau de danse machinalement et le privera de son effet parce qu'il ne sentira pas l'esprit. Il placera sur plusieurs lignes parallèles les nymphes et les faunes; il exigera scrupuleusement que toutes les nymphes soient posées dans des attitudes uniformes et que les faunes aient les bras élevés à la même hauteur; il se gardera bien dans sa distribution de mettre cinq nymphes à droite et sept nymphes à gauche; ce serait pécher contre les vieilles règles de l'opéra; mais il fera un exercice froid et compassé d'une scène d'action qui doit être pleine de feu.

Des critiques de mauvaise humeur et qui ne connaissent point assez l'art pour juger de ses différents effets, diront que cette scène ne doit offrir que deux tableaux; que le désir des faunes doit tracer l'un et la crainte des nymphes peindre l'autre. Mais que de nuances différentes à ménager dans cette crainte et ce désir! [Que de coups de pinceau variés!] que d'oppositions! que de gradations et de dégradations à observer pour que de ces deux sentiments il en résulte une multitude de tableaux, tous plus animés les uns que les autres!

Les passions étant les mêmes chez tous les hommes, elles ne diffèrent qu'à proportion de leurs sensations; elles s'impriment et s'exercent avec plus ou moins de force sur les uns que sur les autres et se manifestent au dehors avec plus ou moins de véhémence et d'impétuosité. Ce principe posé et que la nature démontre tous les jours, il y aurait donc plus de vrai à diversifier les attitudes, à répandre les nuances dans l'expression et, dès lors, l'action pantomime de chaque personnage cesserait d'être monotone. Ce serait être aussi fidèle imitateur qu'excellent peintre, que de mettre de la variété dans l'expression des têtes, de donner à quelques-uns des faunes de la férocité; à ceux-là moins d'emportement; à ceux-ci un air plus tendre; aux autres, enfin, un caractère de volupté qui suspendrait ou qui partagerait la crainte des nymphes; l'esquisse de ce tableau détermine naturellement la composition de l'autre; je vois alors des nymphes qui flottent entre le plaisir et la crainte; j'en aperçois d'autres qui me peignent, par le contraste de leurs attitudes, les différents mouvements dont leur âme est agitée; celles-ci sont plus fières que leurs compagnes; celles-là mêlent à leur frayeur un sentiment de curiosité qui rend le tableau plus piquant : cette diversité est d'autant plus séduisante qu'elle est l'image de la nature. Convenez avec moi, Monsieur, que la symétrie, fille de l'art, sera toujours bannie de la danse en action.

Je demanderai à tous ceux qui ont des préjugés d'habitude, s'ils trouveront de la symétrie dans un troupeau de brebis qui veut échapper à la dent meurtrière des loups, ou dans des paysans qui abandonnent leurs champs et leurs hameaux pour éviter la fureur de l'ennemi qui les poursuit? non, sans doute : mais l'art est de savoir déguiser l'art. Je ne prêche point le désordre et la confusion, je veux au contraire que la régularité se trouve dans l'irrégularité même; je demande des groupes ingénieux, des situations fortes, mais toujours naturelles, une manière de composer qui dérobe aux yeux toute la peine du compositeur. Quant aux figures, elles ne sont en droit de plaire que lorsqu'elles sont présentées avec vitesse et dessinées avec autant de goût que d'élégance.

Jean-Georges Noverre,
Lettres sur la danse,
1760

Le danseur, monstre humain

En plus de sa Sténochorégraphie ou art d'écrire promptement la danse*, Arthur Saint-Léon – premier maître de ballet de l'Opéra de Paris et professeur à l'école de perfectionnement – publie un opuscule où il passe en revue différents aspects du ballet de son temps.*

De nos jours, il est plus difficile de trouver de bons figurants que de bons sujets; à la figurante, on ne demande aujourd'hui que de la beauté : c'est un mérite sans doute fort recommandable au théâtre, mais dont le maître de ballets, qui a besoin de jambes, ne peut se contenter; quant au figurant, monstre

On «taglionise»

Avec l'avènement du ballet romantique, c'en est fini des «dieux de la danse». Le danseur s'efface désormais devant sa partenaire. C'est elle que chantent les poètes et les critiques, avec à leur tête Théophile Gautier – qui est l'un et l'autre. C'est elle qui lance les modes. L'empire des ballerines, qui quittent d'un coup d'aile la scène de l'Opéra, est immense. Ici, on «taglionise»; là, on vend de l'«Esslerine», une étoffe transparente.

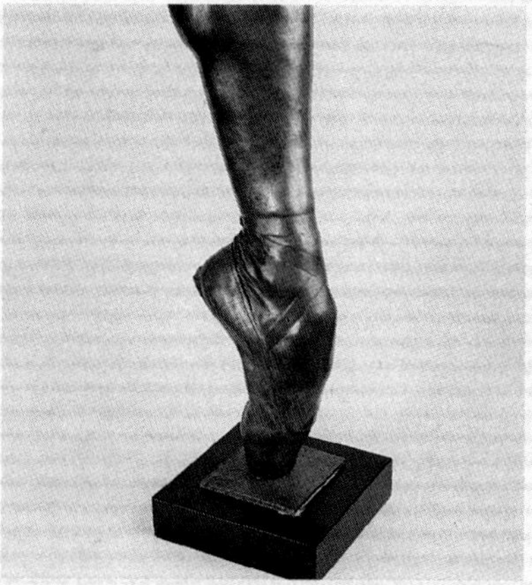

Moulage du pied de Pavlova.

Pour s'affranchir de la pesanteur

La pointe, ce nouveau mot du vocabulaire chorégraphique, conférait à la femme l'attrait inédit qu'exige le public au théâtre. Sans doute un bon danseur classique sait-il faire des pointes. Le bon goût et le tact exigent qu'il ne les pratique qu'à titre d'exercice, pour son entraînement personnel. Sur scène, la pointe reste réservée aux femmes. Elle donnait à la danseuse plus de finesse et de charme; au public, l'illusion d'un affranchissement des lois de la pesanteur. D'elle on aurait pu dire ce que Vestris disait de son fils, à savoir que s'il touchait terre, c'était par pur procédé pour ses camarades. La pointe, réservée aux danseuses, pratiquée sur le plateau du théâtre par les danseuses, parut au spectateur plus difficile que les bonds en l'air exécutés par les danseurs; si les sauts comportent en effet de la force et de l'équilibre, la pointe exige beaucoup de précision et impose à l'artiste qui s'y essaie, au moins dans les débuts, un effort douloureux. Tandis que le XVIIIe siècle et le commencement du XIXe avaient été l'âge des grands danseurs, le XIXe siècle fut celui des danseuses étoiles. Le danseur s'effaça devant la danseuse, dont il ne fut que le partenaire, le soutien, la vivante colonne sur laquelle s'appuie l'Etoile pour exécuter les plus difficiles variations sur la pointe.

Par la pointe aussi, l'art de la danse, où l'amateur coudoyait jusque-là le professionnel, devint inaccessible aux profanes. La danse théâtrale se sépara de plus en plus de la danse de cour, devenue, après la révolution de 1789, la danse de société.

Ainsi la découverte de la pointe fut une véritable révolution dans l'histoire de la danse. Avec elle commença en effet la nouvelle époque de la danse classique.

Ce mot, qu'on emploie souvent, mais qu'on définit rarement, je veux l'interpréter dans son sens littéral. Il s'applique à tout ce qui exige des *classes* ou application soutenue d'une discipline en vue de l'exercice sérieux d'une profession.

Léandre Vaillat,
Histoire de la danse, Plon, 1942

Les libéralités des rois

Le 4 septembre 1825, pour la fête de la reine, Marie Taglioni dansa un pas dans l'opéra *Zelmire*, de Rossini. Le 28, pour la fête du roi, elle dansa un pas avec son frère Paul, dans l'opéra *Elisabeth*, du même compositeur. Elle reçut du roi, pour la fête de la reine, une paire de bracelets d'or, avec turquoises; et de la reine, pour la fête du roi, une chaîne d'or, avec nœud et croix de pierre, fines.

Le 6 avril 1826, on lui jeta une magnifique couronne et après le spectacle, on lui donna une sérénade. Le 28 septembre, pour la fête du roi, elle dansa dans l'opéra *Moise*, de Rossini, et reçut à cette occasion, de la reine, un peigne d'or et améthystes. Le 31 décembre, au château, devant Leurs Majestés elle figura dans plusieurs «tableaux» *Bélisaire*, *La Signature de Mariage*, *Le Serment des Horaces*, *Télémaque dans l'île de Calypso*. On dirait d'une peinture de Greuze ou de David.

Le 30 mars 1827, on lui jeta trois couronnes. Après le spectacle, on lui donna la sérénade. Elle reçut de la reine une paire de boucles d'oreilles en diamants; et son père, une épingle avec le chiffre du roi en diamants. Munich : avril-mai-juin. Paris : juillet-août. Carlsruhe, 28 août-septembre.

Le 31 décembre, à un bal masqué chez le comte de Beroldingen, elle dansa dans un tableau comique, *Les Plaisirs de la campagne* et *Le Quadrille des bouquets de roses*, réglé par son père. Le 2 février, à un bal masqué, chez le prince Ochringen Hohenlohe, en l'honneur du roi et de la reine, elle exécuta *Le Quadrille des bouquets*, *La Provençale*, *La Russe* et *La Gavotte*. Le 6 mars, au bal masqué donné au château pour célébrer la naissance du prince royal de Wurtemberg, elle montra *La Provençale*, *La Russe et Le Nouveau quadrille chinois*.

Marie Taglioni.

Le 29 mars, le roi et la reine lui offrirent une paire de boucles d'oreilles en diamants, ainsi qu'une bague avec le chiffre du roi en diamants, pour son père. La princesse de Hohenlohe Ochringen lui remit un bracelet d'or avec une topaze; Philippe Taglioni accepta de la même donatrice une paire de flambeaux d'argent et, de la reine, une montre et chaîne d'or.

Les bijoux et les pierres précieuses brillent avec un éclat particulier au firmament des étoiles. C'est l'amour excessif de ces colifichets qui transforme parfois l'histoire de la danse en histoires de danseuses. Que tout ce luxe diamantaire contraste donc avec la vie relativement simple que les Taglioni menaient à Stuttgart, comme à Vienne!

Léandre Vaillat,
La Taglioni ou La Vie d'une danseuse,
Albin Michel, Paris, 1942

L'envol de «La Sylphide»

Après son éclatant triomphe à l'Académie royale de musique, *Robert le Diable,* le premier chef-d'œuvre de Meyerbeer, fit le tour de l'Europe. Dans les premiers temps, le luxe de la mise en scène, l'originalité des décorations contribuèrent peut-être à attirer la foule; mais bientôt cette grande et belle partition fut comprise et admirée. Tous ceux qui l'avaient entendue une fois voulurent l'entendre et l'applaudir de nouveau. Les fastes du théâtre à aucune époque ne citent un pareil succès.

La scène des nonnes, dans laquelle dansait Mlle Taglioni, se passait dans la nuit de la rampe et du lustre. Elle me demanda à se faire remplacer dans ce rôle, et j'y consentis après avoir obtenu l'adhésion de M. Meyerbeer. Je tenais à préparer à la grande danseuse un rôle plus digne de son talent.

Nourrit, homme d'esprit et d'imagination, vint un jour m'apporter le petit poème du ballet de *La Sylphide;* l'action était simple, facile à comprendre, le dénouement touchant. *La Sylphide* et son cortège devaient nécessairement se jouer dans les danses les plus gracieuses, les plus variées et pour mieux justifier le titre de l'ouvrage on inventa des vols nombreux de sylphides, et surtout un vol tournant; il y avait du fantastique dans ce ballet; le premier acte, qui faisait contraste avec le tableau poétique du second, égayait le spectateur par plus d'une surprise. Une scène de sorcières précédait la décoration de la forêt; mais, comme M. Duponchel se passionnait déjà pour les diableries de la *Tentation* qu'on allait mettre à l'étude, il marchanda les diables à M. Taglioni, et ce maître de ballet vint souvent pleurer devant moi de la mesquinerie de son enfer et du petit nombre de sorcières qu'on lui accordait.

La première représentation de *La Sylphide* eut lieu le 14 mars 1832. Je ne dormis point de toute la nuit qui précéda cette représentation. Dans les vols aériens, tous les premiers sujets étaient remplacés par des figurantes, et, bien que j'eusse visité moi-même tous les porte-mousquetons, les anneaux et les corsets à l'aide desquels les sylphides étaient suspendues à de nombreux fils de fer, bien que j'eusse assisté à toutes les répétitions préliminaires, faites avec des poids bien plus pesants que nos jeunes danseuses, je tremblais que quelque accident n'exposât à des dangers les douze ou quinze figurantes qui volaient dans les airs. Un feu de dix francs leur fut accordé; aussi presque tout le corps de ballet, femmes et enfants, plein de courage et d'audace, sollicitait-il la faveur d'être accroché! Pas une représentation de *La Sylphide* n'eut lieu sans que le matin, ne me fiant à personne, j'assistasse moi-même à la répétition de ces vols et à l'inspection des appareils qui rendaient tout accident impossible. Grâce à cette surveillance, pendant toute mon administration, il ne s'est pas produit le moindre événement fâcheux dans les représentations de cet ouvrage. *La Sylphide* eut le plus grand succès : c'est à dater de ce ballet que la réputation de Mlle Taglioni devint européenne.

L'automne de 1831 et l'hiver de l'année 1832 furent très brillants pour l'Opéra; on se disputait toutes les loges; on ne se lassait pas d'entendre *Robert le Diable;* on accourait en foule à *La Sylphide;* l'Opéra était à la mode, et les anciens ouvrages du répertoire, qui, avant ma direction, étaient souvent représentés devant une salle vide, faisaient de sept à huit mille francs de recette. Je citerai surtout *Le Dieu et la Bayadère*, où dansait Mlle Taglioni; *Le Comte Ory*, chanté par MM. Nourrit, Levasseur et Mme Damoreau; *Guillaume Tell*, qu'on avait réduit en trois actes; l'opéra de *La Muette*, dans laquelle Mlle Taglioni dansait souvent des pas nouveaux. Rien ne réussit comme le succès. Plus on recevait dédaigneusement au bureau de location l'argent du public, plus il se pressait, plus il s'agitait pour obtenir la faveur d'une loge ou d'une stalle. Un locataire à l'année, dans une lettre qu'il m'adressa, se plaignit à moi d'avoir, tous ses jours de loge, à peu près le même spectacle; je lui répondis que l'administration s'offrait à lui rembourser la somme qu'il avait payée, s'il voulait bien renoncer à sa location. Il s'empressa de m'écrire qu'il tenait beaucoup à sa loge, qu'il voulait la garder, et que ses observations contenaient un avertissement, mais non un reproche.

Docteur Véron,
Mémoires d'un bourgeois de Paris, 1853

La genèse de «Giselle»

A M. Heinrich Heine, à Cauterets

Mon cher Heinrich Heine, en feuilletant, il y a quelques semaines, votre beau livre *De l'Allemagne*, je tombai sur un endroit charmant – il ne faut pour cela qu'ouvrir le volume au hasard : c'est le passage où vous parlez des Elfes à la robe blanche dont l'ourlet est toujours humide, des Nixes qui font voir leur petit pied de satin au plafond de la chambre nuptiale, des Wilis au teint de neige, à la valse impitoyable; et de toutes ces délicieuses apparitions que vous avez rencontrées dans le Harz et sur le bord de l'Ilse, dans la brume veloutée du clair de lune allemand, et je m'écriai involontairement : Quel joli ballet on ferait avec cela! Je pris même, dans un accès d'enthousiasme, une belle grande feuille de papier blanc et j'écrivis en haut, d'une superbe écriture moulée : *Les Wilis*, ballet; puis je me pris à rire et je jetai la feuille au rebut sans aller plus loin, me disant, avec mon expérience de feuilletoniste, qu'il était impossible de traduire au théâtre cette poésie vaporeuse et nocturne, cette fantasmagorie voluptueusement sinistre, tous ces effets de légende et de ballade si peu en rapport avec nos habitudes. Le soir, à l'Opéra, la tête encore pleine de votre idée, je rencontrai au détour d'une coulisse l'homme d'esprit qui a su transporter dans un ballet, en y ajoutant

Scène de *Giselle.*

beaucoup du sien, toute la fantaisie et tout le caprice du *Diable amoureux* de Cazotte, ce grand poète qui a inventé Hoffmann au milieu du XVIIIe siècle, en pleine Encyclopédie; je lui racontai la tradition des Wilis. Trois jours après, le ballet de *Giselle* était fait et reçu. Au bout de la semaine, Adolphe Adam avait improvisé la musique, les décorations étaient presque achevées, et les répétitions allaient grand train. Vous voyez, mon cher Henri, que nous ne sommes pas encore si incrédules et si prosaïques que nous en avons l'air. Vous avez dit dans un accès d'humour : «Comment un spectre pourrait-il encore exister à Paris? Entre minuit et une heure, qui est de toute éternité le temps assigné aux spectres, la vie la plus animée se répand encore dans les rues. C'est en ce moment que retentit à l'Opéra le bruyant finale. Des bandes joyeuses s'écoulent des Variétés et du Gymnase; tout rit et saute sur les boulevards, et tout le monde court aux soirées. Qu'un pauvre spectre errant se trouverait malheureux dans cette foule animée!» Eh bien! je n'ai eu qu'à reprendre vos pâles et charmants fantômes par le bout de leurs doigts d'ombres et à les présenter pour qu'ils fussent accueillis le plus poliment du monde. Le directeur et le public n'ont pas fait la moindre objection voltairienne. *Les Wilis* ont reçu tout d'abord le droit de cité dans la très peu fantastique rue Le Peletier. Les quelques lignes où vous parlez d'elles, placées en tête du livret, leur ont servi de passeport.

Théophile Gautier,
La Presse, 5 juillet 1841

Fanny Cerrito, «la Divinita»

La restauration Duponchel-Roqueplan fut acclamée. M. Pillet succédant à M. Duponchel avait été accueilli avec enthousiasme. M. Duponchel re-succédant à M. Pillet fut ré-accueilli avec enthousiasme. Les intérêts et les ambitions espéraient y trouver leur compte.

La nouvelle direction avait tout à faire, tout à créer. Il ne restait ni troupe ni répertoire : rien pour le présent, rien dans l'avenir. La salle fut remise à neuf; on commence toujours par là.

Cerrito est engagée.

Saint-Léon est engagé.

Le ballet de *La Fille de marbre* est commandé : livret, musique, décoration, costumes! Deux mois plus tard, il est mis en répétition.

Verdi consent à adapter sur des paroles françaises son opéra *I Lombardi*, qui devient *Jérusalem*.

A M. Duponchel-Roqueplan l'honneur d'avoir appelé sur notre première scène lyrique le plus illustre musicien que possédait alors l'Italie.

On improvisait. On parait au plus pressé. Au mois d'octobre, on représentait *La Fille de marbre;* au mois de décembre, la *Jérusalem*! deux véritables tours de force qui marchèrent de front.

La Fille de marbre réussit; la musique d'Adam réussit; les pirouettes de Saint-Léon réussirent; Fanny Cerrito réussit, et pour réussir à côté de Carlotta Grisi, la dernière grande incarnation de la danse, il ne fallait pas être boiteuse.

Inférieure à Carlotta mais supérieure à Rosati, petite et dodue, la poitrine très sortie et très blanche, les bras parfaits, les yeux mobiles et provocants, le sourire adorable, les jambes fortes, le pied petit, mais épais, les cheveux blonds, mais rebelles, Cerrito est la première danseuse du monde, après un écho très applaudi, pour saluer le public, le remercier de la bouche, du regard, mettre la main sur son cœur.

Cerrito possédait, possède peut-être encore un père, vieux caporal aussi tendre que dévoué. Rien ne peut se comparer à l'admiration que ce bon père éprouve à l'endroit de sa fille. Il ne la désignait jamais que sous le nom de *la Divinita.* Il y a dans M. Cerrito deux pères : le papa de Londres et le papa de Paris. A Londres, cela est reçu, il a ses poches pleines des vieux chaussons de *la Divinita*, des couronnes qu'on lui a jetées, des déclarations amoureuses que lui ont adressées tous les princes du monde, des engagements fabuleux qu'elle a méprisés; il les produit, il les étale, il s'en fait gloire et honneur; il ne marche, il ne sort jamais qu'escorté d'une demi-douzaine de gardes du corps, triples claqueurs italiens attachés à sa personne . Pour tout ce qui est chanteur, danseuse et italien, les choses ne se passent pas autrement à Londres. L'Opéra y attire et y fixe une véritable émigration ausonienne qui ne vit que des impôts prélevés sur la danse et le chant compatriotes.

Cerrito avait trop d'intelligence et de *ballon* pour transporter à Paris les us et coutumes de Londres; depuis longtemps son nom était populaire à l'Opéra; et quand, pour la première fois, elle y battit ses prodigieux entrechats, elle retrouva de vieux amis. Dès l'année 1838, plus d'un habitué de l'Opéra avait fait tout exprès le voyage de Milan pour admirer la merveille de la Scala, et plus récemment le voyage de Londres pour assister à ce pas fameux exécuté par Marie Taglioni, Carlotta Grisi, Lucile Grahn, Fanny Cerrito. Ce fut une belle lutte telle qu'on n'en avait jamais vu, telle qu'on n'en reverrait jamais! Dans ce prodigieux *steeple-chase* il n'y eut pas de vaincues. Le passé, le présent, l'avenir recueillirent les mêmes bravos, les mêmes couronnes. De dangereux amis faillirent compromettre Cerrito et son succès : ils avaient imaginé d'imprimer en lettres gigantesques et d'afficher dans le théâtre un sonnet en l'honneur de leur *Divinita*. D'une pirouette elle fit oublier l'imprudent sonnet. Taglioni fut encore Taglioni; Lucile Grahn battit des ailes, et Carlotta Grisi, vapeur légère, esprit aérien, voltigea avec cette grâce, cet art exquis qu'on lui connaît.

Cerrito arrivait à Paris précédée d'une réputation difficile à soutenir, et elle la soutint.

Charles de Boignes,
Petits Mémoires de l'Opéra,
Paris, 1857

Une source d'informations

C'est en 1820 que paraît à Milan le plus important traité de danse du XIXe siècle. Une trentaine d'années durant, Carlo Blasis n'a de cesse de le compléter par différents «codes» et «manuels» où il consigne ses vues sur la théorie, la pratique et l'histoire de son art, «depuis les temps les plus reculés jusqu'à nos jours». Les illustrations dont ces ouvrages sont enrichis constituent une source d'informations essentielles sur les pas alors en usage.

TRAITÉ

Élémentaire, Théorique et Pratique

de l'Art de la Danse

CONTENANT

LES DÉVELOPPEMENS, ET LES DÉMONSTRATIONS DES PRINCIPES GÉNÉRAUX ET PARTICULIERS, QUI DOIVENT GUIDER LE DANSEUR.

Par Ch. Blasis

Le comble de l'art : le cacher

Soyez vigoureux, mais sans roideur; que votre entrechat soit croisé, et passé avec franchise et netteté. Travaillez pour acquérir une élévation facile; c'est une belle qualité chez le danseur, et qui lui est nécessaire pour l'exécution des temps de force et de vigueur. Si vous vous procurez de la vivacité, elle donnera du brillant à vos pas, et vous enchanterez les yeux. Soyez léger le plus que vous pourrez; le spectateur veut trouver dans un danseur quelque chose d'aérien; celui qui est pesant et lourd, ne produit qu'un vilain effet, et trop éloigné de ce que l'on attend de lui. Etudiez le *ballon*; j'aime à vous voir parfois bondir dans un pas, et faire preuve d'agilité, de souplesse; que je puisse croire que vous effleurez à peine la terre, que vous êtes prêt à vous envoler dans les airs.

Dans vos pirouettes observez l'équilibre le plus parfait, et soyez toujours bien placé en les commençant, en les tournant et en les terminant. Arrêtez-les avec aplomb et assurance; que le dessin de la position de votre corps, de vos bras, de vos jambes soit correct, et prononcé avec grâce. On ne saurait trop vous recommander de *filer* délicatement la pirouette sur la pointe; ce qui présente la plus agréable exécution, et en même temps la plus

parfaite; car rien n'est plus rebutant à voir qu'un mauvais danseur qui tournaille tantôt sur la pointe et tantôt sur le talon, et qui sautille par secousses à chacun des tours de sa pirouette.

Il faut prouver, par de la facilité et de l'aisance dans l'exécution générale de votre danse, que vous avez vaincu les plus grandes difficultés de votre art, et que cet exercice vous est naturel : le comble de l'art est de cacher l'art. Une fois possesseur de cette qualité, qui est le dernier degré de la perfection, vous réunirez tous les suffrages, et mériterez le glorieux nom de grand artiste.

Carlo Blasis,
Traité élémentaire, théorique et pratique de l'Art de la danse,
Milan, 1820

Attention au port du corps et des bras

Ne vous fiez pas à vos qualités naturelles, et ne négligez pas plus l'étude et l'exercice de la danse que ceux qui ont été moins favorisés que vous par la nature; car lors même que vous posséderiez les formes de l'Apollon du Belvédère ou de l'Antinoüs, même avec les dons les plus heureux, vous auriez tort d'espérer d'atteindre à la perfection de votre art sans étude, sans travail et sans persévérance.

Appliquez-vous particulièrement au port de votre corps et de vos bras; que vos mouvements soient aisés, gracieux et toujours d'accord avec ceux des jambes. Dessinez vos formes avec goût et élégance, mais sans affectation. Dans vos leçons et vos exercices, regardez également vos deux jambes, afin que l'exécution de l'une ne surpasse pas celle de l'autre. J'ai vu beaucoup de danseurs qui ne dansaient que d'une jambe; je les compare à ces peintres qui ne peuvent dessiner des figures que d'un seul profil. Des danseurs et des peintres de cette force ne peuvent certainement pas être regardés comme de bons artistes.

Prenez un soin spécial d'acquérir de l'aplomb et de l'équilibre. Sage, correct et très précis dans l'exécution, brillant et léger dans les pas, naturel et élégant dans toutes les attitudes, un bon danseur doit toujours pouvoir servir de modèle à un peintre ou à un sculpteur. C'est peut-être le plus haut degré de perfection et le but qu'on doit s'efforcer d'atteindre. Ayez une sorte d'*abandon* dans vos positions, groupes et arabesques; que votre air soit animé et expressif : *Siano le attitudini degli uomini con le loro membra in tal modo disposte, che con quelle si dimostri l'intenzione del loro animo*. Ces paroles du grand Léonard de Vinci doivent être gravées aussi profondément dans la mémoire des mimes et des danseurs que dans celle des peintres :

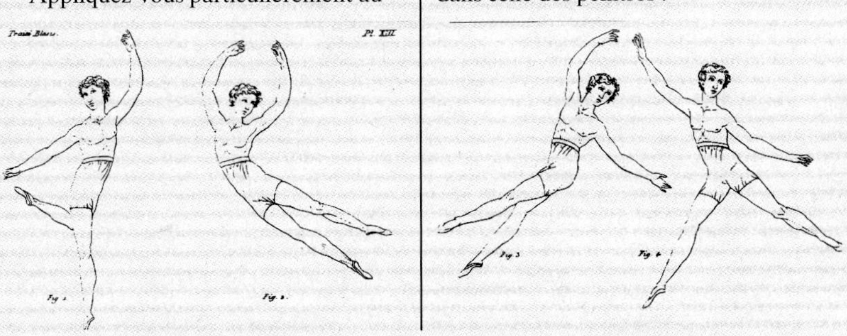

Les gestes et les pas, d'un mutuel accord,
Peignent [*de l'âme*] *la même ivresse et le même transport.*

Soyez vigoureux, mais évitez la raideur; tâchez d'acquérir de la facilité dans vos élans, que vos entrechats soient aisés, précis et bien croisés. La rapidité est aussi très agréable dans un danseur; la légèreté l'est encore plus; l'une donne du brillant à l'exécution, l'autre a quelque chose d'aérien qui plaît à l'œil du spectateur. Observez le *ballon*, rien ne peut être plus délicieux que de vous voir bondir avec une élasticité gracieuse dans vos pas, touchant à peine la terre et semblant à chaque instant sur le point de voler dans l'air.

Conservez un équilibre parfait dans l'exécution de vos pirouettes et soignez-en le commencement et la fin. Posez avec assurance et rectitude, en maintenant le corps et les membres dans la position que nous indiquerons dans les chapitres suivants. Efforcez-vous de tourner délicatement sur la pointe des pieds; car qu'y a-t-il de plus désagréable à la vue qu'un danseur lourd et maladroit, qui se tortille alternativement sur les talons et sur les pointes, et qui saccade étrangement son corps à chaque tour de pirouette?

Etudiez attentivement l'invention des pas; essayez de varier sans cesse vos enchaînements, figures, attitudes et groupes. «La variété est un des plus grands charmes de la nature : vous ne pouvez plaire longtemps au spectateur qu'en changeant souvent vos compositions» (Dauberval) Les enchaînements, dans la danse, sont très nombreux. Chaque bon danseur a un mode particulier de combiner ses périodes, ses pas, etc. Formez-vous donc un style qui soit à vous; car l'originalité est le moyen de vous distinguer. En copiant les autres, vous pouvez peut-être les surpasser quelquefois, mais le défaut de nouveauté prive votre danse de toute espèce d'attrait.[…]

Suivez d'une oreille vigilante les mouvements, les repos et la cadence de la musique, afin que votre danse soit en accord parfait avec l'accompagnement; tout dépend de cette union mélodieuse, et, lorsqu'elle est parfaite, rien n'est plus séduisant. Qu'il n'y ait pas un seul œil qui ne suive avec délice le danseur; qu'il n'y ait pas une oreille sensible aux impressions de la musique qui ne soit flattée d'un accord aussi harmonieux et aussi ravissant.

Observez attentivement et examinez judicieusement tout ce qui concerne votre art; ne rejetez aucun avis, quel qu'il soit, et tirez-en le profit que votre jugement vous indiquera être le meilleur;

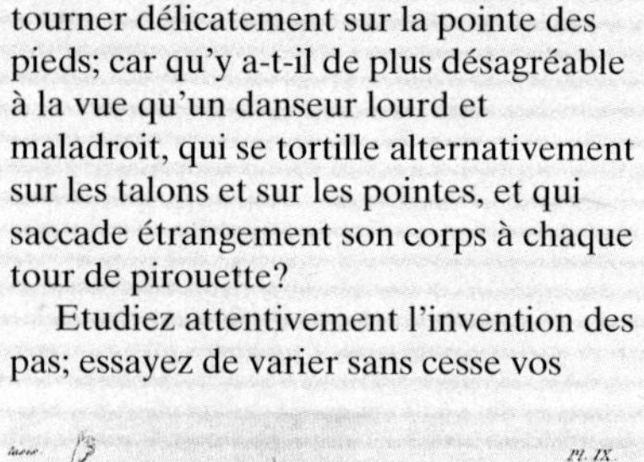

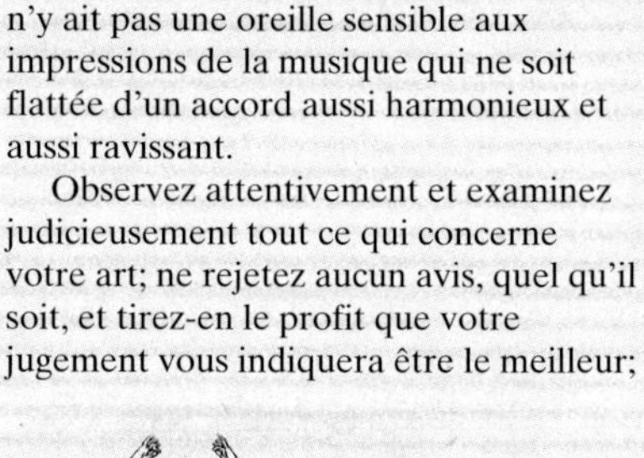

Fig. 1. *Fig. 2.*

ne dédaignez pas même d'apprendre d'un inférieur : un mauvais danseur peut quelquefois avoir dans le style de sa danse quelque chose de bon qui vous a jusqu'alors échappé. Un mince figurant ou même un homme sans goût peuvent donner parfois un conseil salutaire.

Ne craignez pas d'importuner votre maître de questions; raisonnez librement avec lui de l'art qu'il vous montre; si vous vous trompez, ne rougissez pas d'avouer votre méprise en le consultant, mais profitez à tous égards de ses opinions, suivez sa direction et mettez sur-le-champ ses préceptes en pratique afin de les fixer dès lors plus fermement dans votre mémoire.

Ne vous départez jamais des vrais principes, et ne cessez de suivre les meilleurs guides; surtout ne vous laissez jamais entraîner par le dangereux exemple de ces misérables baladins qui escamotent des applaudissements à un public peu connaisseur, par des tours de force, des gambades et des pirouettes ridicules. Soyez certains que les lauriers de ces pitoyables farceurs se faneront bien vite.

L'approbation des hommes distingués de l'art, les seuls juges que l'on doive rechercher et consulter, sera toujours un aiguillon suffisant pour un homme de talent, qui ne peut avoir qu'un souverain mépris pour les louanges prodiguées par des fous à chaque parade d'un charlatan.

L'aisance et le moelleux dans l'exécution, je vous le répète, doivent toujours être pour vous un but qu'il faut atteindre; en les acquérant, vous prouverez que l'exercice vous est naturel, que vous avez surmonté les plus grandes difficultés et que vous possédez le fond de votre art.

Quand vous aurez atteint cette qualité, que je puis appeler le plus haut degré de l'échelle de perfection, chaque suffrage vous sera acquis et vous méritera le nom de danseur accompli.

Carlo Blasis,
Manuel complet de la danse,
Paris, 1830

Trous de mémoire

A la différence d'un Noverre ou d'un Blasis, Marius Petipa, le maître de la scène pétersbourgeoise durant près d'un demi-siècle, ne se sent pas la veine d'un théoricien. Ses écrits ne sortent pas du cadre des habituels «mémoires». Ils ne manquent pas d'intérêt pour autant. Ne serait-ce que parce que qu'on y découvre que l'omnipotent chorégraphe, qui dicte ses volontés à Tchaïkovski, dépend lui-même du bon vouloir du directeur des Théâtres impériaux.

Du temps de Vsevolojski

Tous les ballets que j'ai créés pendant les dix-sept années inoubliables passées sous la direction de M. Vsevolojski connurent un grand succès. [...] La composition et la mise en scène d'un grand ballet présentent d'énormes difficultés. Il ne suffit pas d'esquisser le scénario ou le programme, il faut encore réfléchir séparément à chacun des personnages. Dès que la trame est prête et que tous les éléments sont à leur place, il faut inventer et composer les danses correspondantes, les pas et les variations en accord avec la musique. Ce travail devient agréable quand on trouve en la personne du directeur un conseiller aussi talentueux et compétent que M. Vsevolojski et quand on travaille avec un compositeur aussi génial que Tchaïkovski.

M. Vsevolojski inventait lui-même tous les décors, costumes et accessoires, en accord avec le style, l'époque et le caractère propre du sujet. Il en dessinait des esquisses qui simplifiaient la tâche de tous ceux à qui leur exécution était confiée. La force de ce directeur-artiste a été également de savoir utiliser l'immense génie de Piotr Ilitch Tchaïkovski qui a signé trois chefs-d'œuvre magistraux pour ballet : *La Belle au bois dormant*, *Le Lac des cygnes* et *Casse-Noisette*.

Ce fut également pendant cette période lumineuse qu'un autre grand compositeur russe, M. Glazounov, nous donna *Raymonda*, *Ruse d'amour* et *Les Quatre Saisons*.

C'était il n'y a pas si longtemps . Ces musiciens talentueux voyaient en moi un collaborateur digne et un admirateur sincère et non envieux.

On peut juger de mes relations avec eux d'après une lettre que m'adressa

Tchaïkovski avant la mise en scène de *La Belle au bois dormant* et que je me permets de citer ici.

Cher et très estimé collègue,

J'ai presque terminé les esquisses du 5e tableau du ballet *La Belle au bois dormant*. Tout sera terminé pour le 1er juin au plus tard. Mais il me serait utile de savoir si ce que j'ai lu dans un journal russe est vrai. Il prétend que la mise en scène de notre ballet est remise à la saison 1890-1891 et que l'on va reprendre, la saison prochaine, le ballet *Le Petit Cheval bossu*. Si cette information est correcte, je pourrais ne pas trop me dépêcher lors de l'instrumentation du ballet puisque j'aurais toute une année à ma disposition. S'il s'agit, en revanche, d'un canard, il me faut me mettre tout de suite au travail pour que la partition complète soit prête en septembre. Soyez gentil, monsieur Petipa, de me faire savoir si la direction a vraiment décidé de reporter notre ballet. Dans quelques jours, je pars d'ici pour m'installer chez moi, au village, aux alentours du 10 mai. Vers le 25 mai, je compte passer quelque deux jours à Saint-Pétersbourg. Si je vous y trouve encore, j'aurai le plaisir de vous voir. Au revoir, cher ami et collègue.

M. Tchaïkovski,
26 avril 1889

Le dévouement de Glazounov

Cher monsieur Petipa,

Je regrette de tout mon cœur d'être obligé de communiquer avec vous par lettre, mais je suis malade depuis quelques jours. Je viens de recevoir de Moscou une lettre de M. Korechtchenko que j'ai eu l'occasion de vous présenter. Il me demande si vous auriez la gentillesse de lui accorder deux heures, dimanche 10 décembre, pour parler du ballet qui lui a été commandé par le directeur du théâtre Marie. En l'attente de votre aimable réponse que je communiquerai par télégraphe à M. Korechtchenko, je profite de l'occasion pour vous exprimer, une nouvelle fois, les sentiments sincères de mon dévouement.

M. Glazounov,
6 décembre 1900

Triomphe du «Lac des cygnes»

Avec de tels compositeurs et un directeur de la trempe de M. Vsevolojski, la plupart des œuvres que j'ai montées ont connu un énorme succès et contribué à la renommée du corps de ballet de Saint-Pétersbourg.

Le Lac des cygnes fut monté pour la première fois à Moscou sans grand retentissement. A peine informé des mécomptes du ballet, je me rendis chez le directeur et lui dis qu'il m'était impossible d'admettre que la musique de Tchaïkovski fût mauvaise. A mon sens, les problèmes de l'œuvre ne pouvaient venir que de la mise en scène et de la chorégraphie. Je lui demandai de m'autoriser à utiliser à ma façon le sujet de Tchaïkovski pour monter le ballet à Pétersbourg.

M. Vsevolojski accepta d'enthousiasme et nous nous mîmes en contact avec le compositeur. Naturellement, *Le Lac des cygnes* fit un triomphe sur la scène pétersbourgeoise. Tchaïkovski, ravi, répétait à qui voulait l'entendre qu'il n'écrirait jamais de ballet pour quelqu'un d'autre que Petipa.

Et tout cela, nous le devons à M. Vsevolojski.

Marius Petipa, *Mémoires*, traduits du russe et complétés par Galia Ackerman et Pierre Lorrain, Actes Sud, 1990

BIBLIOGRAPHIE

Ouvrages généraux

- *L'Art du ballet des origines à nos jours*, Tambourinaire, Paris, 1952.
- Cyril W. Beaumont, *Complete Book of Ballets*, Pitman, Londres, 1949.
- Cyril W. Beaumont et S. Sitwell, *The Romantic Ballet*, Faber and Faber, Londres, s. d.
- Marie-Fr. Christout, *Le Ballet de cour en France au XVIIe siècle*, Minkoff, Genève, 1987.
- Marie-Fr. Christout, *Le Ballet de cour de Louis XIV*, A. et J. Picard, Paris, 1967.
- Marie-Fr. Christout, *Le Ballet occidental*, Desjonguères, Paris, 1995.
- Ivor Guest, *The Romantic Ballet in Paris*, Dance Books, Londres, 1980.
- Ivor Guest, *The Ballet of the Second Empire*, Pitman, Londres, 1974.
- Lincoln Kirstein, *Four Centuries of Ballet*, Dover, New York, 1984.
- Boris Kochno, *Le Ballet en France du XVe siècle à nos jours*, Hachette, Paris, 1954.
- Horst Koegler, *The Concise Oxford Dictionary of Ballet*, Oxford University Press, 1987.
- André Levinson, *Ballet romantique*, Trianon, Paris, 1929.
- Serge Lifar, *La Danse*, Denoël, Paris, 1938.
- Joan Lawson, *A History of Ballet and its Makers*, Dance Books, Londres, 1973.
- Margaret M. McGowan, *L'Art du ballet de cour en France 1581-1643*, CNRS, Paris, 1978.
- Jean-Pierre Pastori, *L'Homme et la danse*, Vilo, Paris, 1980.
- Ferdinando Reyna, *Histoire du ballet*, Somogy, Paris, 1964.
- Léandre Vaillat, *Histoire de la danse*, Plon, Paris, 1942.
- Marian Hannah Winter, *The Pre-Romantic Ballet*, Pitman, London, 1974.

Monographies et ouvrages spécialisés

- Edwin Binney, 3rd, *Les Ballets de Théophile Gautier*, Nizet, Paris, 1965.
- Charles Blasis, *Traité de l'art de la danse*, Forni (reprint), Bologne, 1969.
- Théophile Gautier, *Ecrits sur la danse* (choisis par I. Guest), Actes Sud, 1995.
- Edmond de Goncourt, *La Guimard*, Minkoff (reprint), Genève, 1973.
- Serge Lifar, *Auguste Vestris*, Nagel, Paris, 1950.
- Noverre (préface de M. Béjart), *Lettres sur la danse et les arts imitateurs*, Ramsay, Paris, 1978.
- Marius Petipa, *Mémoires*, Actes Sud, Arles, 1990.
- Mary Grace Swift, *A Loftier Flight Charles-Louis Didelot*, Pitman, Londres, 1974.
- Léandre Vaillat, *La Taglioni ou la vie d'une danseuse*, Albin Michel, Paris, 1942.

TABLE DES ILLUSTRATIONS

CHAPITRE II

Cramer, Ballet du Rhin, 1992.
48 Pantomime, Allemagne, 1780, gravure. Coll. part.
49 *Mlle Prévost, danseuse à l'Opéra* par J. Raoux, huile sur toile. Musée des Beaux-Arts, Tours.
50 *Les Petits Riens*, ballet de Jean-Georges Noverre, 1778. BNF/Bibliothèque-musée de l'Opéra Garnier.
50-51b Affiche de la Troupe des grands danseurs du roi, 1785.
51 *Iphigénie en Aulide*, costume d'Agamemnon, gravure. BNF/Bibliothèque-musée de l'Opéra Garnier.

CHAPITRE III

52 *Danseuses* par A. Canova, aquarelle. Musée Canova.
53 Caricature d'Auguste Vestris. BNF/Bibliothèque-musée de l'Opéra Garnier.
54 Mlle Guimard dans *Le Navigateur* de Delpech, gravure. Musée Carnavalet, Paris.
55h Hôtel de Mlle Guimard, rue de la Chaussée-d'Antin, à Paris, gravure. Musée Carnavalet, Paris.
55b Gaétan Vestris, 1771. BNF/Bibliothèque-musée de l'Opéra Garnier.
56 et 57h Caricatures anglaises d'Auguste Vestris : «*He danced like a monkey...*». Coll. part.
57b Mlle Vestris, dessin de costume de Louis-René Boquet pour la reprise de l'acte turc de *Scanderberg*. BNF/Bibliothèque-musée de l'Opéra Garnier.
58 Caricature des danseurs Vestris et Duport. Coll. part.
59 Danseur, fin XVIIIe siècle, faisant le pas de paysan espagnol. Bibliothèque cantonale universitaire de Lausanne.
60h Le danseur Pierre Gardel, gravure. BNF/Bibliothèque-musée de l'Opéra Garnier.
60b *La Dansomania*, ballet de Pierre Gardel, gravure en couleurs par Pasquier, 1800. BNF/Bibliothèque-musée de l'Opéra Garnier.
61 Le danseur Dauberval et les danseuses Marie Allard et Guimard, gravure de Lelu, 1779. BNF/Bibliothèque-musée de l'Opéra Garnier.
62-63 *La Fille mal gardée*, chorégraphie de Heinz Spoerli, Opéra de Paris, mai 1981.
64 *Flore et Zéphire*, 1796, chorégraphie de Didelot, croquis, XIXe siècle.
65h *Achille à Scyros*, 1804, chorégraphie de Pierre Gardel, dessin.
65b *Les Sabines arrêtant le combat entre les Romains et les Sabins* par Jacques-Louis David, huile sur toile, 1799. Musée du Louvre, Paris.
66h et 66b Salvatore Vigano et sa femme Maria Medina. Coll. part.
67 La ballerine espagnole Maria Medina, dessin. Coll. part.

CHAPITRE IV

68 *Danseuses* par Carrier Belleuse. BNF/Bibliothèque-musée de l'Opéra Garnier.
69 *Marie Taglioni et son frère Paul dans le premier acte de La Sylphide*, peinture de Gabriel Le Paulle. Musée des Arts décoratifs, Paris.
70-71 *La Péri*, ballet de Jean Coralli, 1843, gravure. BNF/Bibliothèque-musée de l'Opéra Garnier.
72 Figures extraites du *Traité élémentaire* de Carlo Blasis, 1820. Coll. part.
73h Chaussons de danse de Marie Taglioni. BNF/Bibliothèque-musée de l'Opéra Garnier.
73b Marie Taglioni dans *La Sylphide*, 1832, gravure. BNF/Bibliothèque-musée de l'Opéra Garnier.
74 *Ballet de Robert le Diable de Meyerbeer* par Edgar Degas, huile sur toile. Victoria and Albert Museum, Londres.
75 Fanny Elssler dansant la Cracovienne dans *La Gipsy* de Mazilier, gravure, 1839. BNF/Bibliothèque-musée de l'Opéra Garnier.
76h Marie Taglioni dans *La Gitana*.
76b Copie du costume de Marie Taglioni dans *La Sylphide*. Musée de la Danse et du Théâtre, Saint-Pétersbourg.
77 Fanny Elssler dansant le pas de la Cachucha dans *Le Diable boiteux*, 1836. BNF/Bibliothèque-musée de l'Opéra Garnier.
78h Affiche de la première de *Giselle* en juin 1841. BNF/Bibliothèque-musée de l'Opéra Garnier.
78b *Giselle*, chorégraphie de Corelli avec J. Y Lormeau et C. Arbo, Opéra de la Bastille, juin 1985, photo.
79 *Pas de quatre* de Jules Perrot par C. Grisi, M. Taglioni, L. Grahn et F. Cerrito, 1845, gravure de E. Chalon.
80-81 *La Sylphide*, chorégraphie de P. Laclotte, avec Olivier Patey, donné à l'Opéra Garnier en avril 1992.
82h et 83 *La Sylphide* de P. Laclotte avec Elisabeth Platel, Manuel Legris et Karin Averty, Opéra Garnier, juillet 1990.
82b *Giselle,* chorégraphie de Coralli et Perrot, Opéra de la Bastille, juin 1995.
84 *Le Désagrement d'une danseuse...*, gravure. BNF/Bibliothèque-musée de l'Opéra Garnier.
85 Jules Perrot dans *Le Ballet de Nathalie*, gravure. Coll. part.
86 Marie Taglioni et Antonio Guerra dans *L'Ombre*, lithographie.

INDEX

CRÉDITS PHOTOGRAPHIQUES

Archives Nationales, Paris 25b. Bibliothèque nationale de France, Paris dos de couv., 16h, 17, 22, 23h, 24, 25h, 26h et 26b, 27b, 30, 31, 38, 43, 44h, 44b, 45d, 45g, 50, 51, 53, 55b, 56, 57h et 57b, 60h et 60b, 61, 68, 70-71, 73b, 73h, 76h, 76b, 77, 78, 79d, 84, 88, 93, 98b, 122, 126, 128. Bulloz, Paris 20. Comédie-Française 42, 43. Dagli Orti, Paris 4/5, 52. D. R. 1re de couv., 11, 14, 18, 19, 23b, 27h, 87h, 115, 123, 130/133. Edimédia, Paris 94b, 95, 112. Enguerrand, Paris 28, 29, 78-79, 102, 104-105, 106-107. Enguerrand/Colette Masson 62/63, 80-81, 82h, 82b, 83. Gallimard Archives 35b, 36. Giraudon, Paris 39, 74. Ph. Laurent 46/47. Musée Carnavalet, Paris 54, 55h, 94h. Musée des Arts décoratifs, Paris 69. National Museum, Stockholm 19. RMN, Paris 4e de couv., 1, 2/3, 6/7, 10, 21, 65b, 116/117, 125. Roger-Viollet, Paris 16b, 37, 49. Siny Most, Paris 35h, 35b, 89, 96, 100, 101h, 101b,103g, 103d, 108, 109h, 109b, 110, 111g, 111d, 124, 134. Stradella, Milan 12, 13, 15, 90, 91h et 91b.

ÉDITION ET FABRICATION

DÉCOUVERTES GALLIMARD
DIRECTION Pierre Marchand et Elisabeth de Farcy.
DIRECTION DE LA RÉDACTION Paule du Bouchet.
GRAPHISME Alain Gouessant.
PROMOTION & PRESSE Valérie Tolstoï.

LA DANSE, DU BALLET DE COUR AU BALLET BLANC
EDITION Caroline Larroche.
MAQUETTE Jacques Le Scanff (Corpus), Dominique Guillaumin (Témoignages et Documents).
ICONOGRAPHIE Kiuston Hallé et Frédéric Mazuy.
LECTURE-CORRECTION Marianne Ganeau et Jocelyne Marziou.
PHOTOGRAVURE Mirascan (Corpus), Arc-en-Ciel (Témoignages et Documents).

Table des matières